외국인 유학생을 위한

# 실무 한국어 문서 작성

## PRACTICAL KOREAN WRITING DOCUMENTATION

안희은 · 손주희 · 김은정 지음

박영사

# 머리말

오늘날 한국 사회는 다양한 국적과 배경을 가진 외국인 유학생들과 함께 더욱 풍요로운 다문화 환경을 이루어가고 있습니다. 특히 대학에 재학 중인 외국인 유학생들에게는 학문적인 역량과 더불어, 실질적인 사회생활과 진로 준비에 도움이 되는 언어 능력이 점점 더 중요하게 요구되고 있습니다.

이 교재는 한국에서 공부하고 있는 외국인 유학생들이 졸업 후 한국 사회에 진출하거나, 국내외 기업 및 기관에서 인턴십, 취업, 창업 등의 활동을 준비하는 과정에서 실제로 마주하게 되는 다양한 비즈니스 문서를 이해하고 직접 작성할 수 있는 실질적인 역량을 기를 수 있도록 기획되었습니다.

이 교재는 전체적으로 '문서 일반'과 '문서 작성의 실제' 두 부분으로 나뉘어 있습니다.

'문서 일반'에서는 비즈니스 문서 작성에 필요한 기초 소양으로서, 문서에 대한 기본적인 이해, 필수 문장 부호의 사용법, 비즈니스 이메일 작성법, 프레젠테이션 표현 등을 다룹니다. '문서 작성의 실제'에서는 문서 유형별 학습이 이루어지며, 다루는 문서는 이력서, 기안서, 보고서, 보도자료, 기획서 등 실제 업무 현장에서 널리 사용되는 실용 문서들입니다.

각 단원은 다음과 같은 학습 단계로 이루어져 있습니다.

**어휘**(중국어, 영어, 베트남어 번역 포함) → **어휘 확인 학습**(문제 풀기) → **문서 보기**(실제 문서 예시) → **문서 이해하기**(구성과 내용 파악) → **준비하기**(작성 방법과 유의사항) → **문서 구성하기**(개요 작성하기) → **문서 작성하기**(실제 작성)

학습자들은 이 과정을 통해 문서의 형식과 구조, 핵심 어휘와 표현 방식을 체계적으로 익힐 수 있습니다. 그리고 각 문서의 실용적 목적과 맥락을 파악하고 실제 상황에 맞게 내용을 조직하며 작성하는 활동을 통해, 실무 중심의 한국어 표현 능력을 효과적으로 향상시킬 수 있습니다.

특히 '문서 작성하기'는 문서 작성을 직접 해 볼 수 있도록 별지 형태로 구성하여 학습자가 개별적으로 작성한 문서를 쉽게 첨삭 받을 수 있도록 하였습니다.

이 교재는 단순한 교재 집필을 넘어, 오랜 시간 함께 교육 현장을 고민해 온 동료들의 마음이 고스란히 담긴 결과물이기도 합니다. 집필진들은 석사과정 시절 처음 인연을 맺은 이후 약 20년 동안 함께 울고 웃으며 한국어 교육의 길을 걸어왔고, 좋은 교사가 되어 좋은 수업과 더 나은 교육 환경을 만들어 가는 방법에 대해 끊임없이 고민해 왔습니다. 이 교재는 그런 오랜 대화와 실천의 결실이자, 앞으로도 함께 나아가고자 하는 우리의 마음을 담은 첫걸음입니다.

끝으로 집필진을 늘 따뜻하게 응원해 주시고 학문적 방향을 밝혀 주신 이병운 교수님, 최규수 교수님, 이재봉 교수님께 깊은 존경과 감사를 드립니다.

또한 이 책이 세상에 나올 수 있도록 기꺼이 출판을 맡아 주시고, 세심하게 편집을 이끌어 주신 박영사의 박부하 과장님과 조영은 대리님께도 진심으로 감사드립니다.

2025년 8월

집필진 일동

# 목차

## I 문서 일반



## II 문서 작성의 실제

# I

# 문서 일반

01

# 문서의 이해

## 1 문서란?

### 1 문서의 의미

문자나 숫자, 기호 등을 이용하여 일정한 의사나 관념 또는 사업 관계 및 업무 관련 내용, 조사 현황 등을 지면과 서식에 표시한 기록

### 2 문서의 필요성

- 내용이 복잡하여 단순한 구두 보고나 지시로는 처리하기 곤란할 때
- 대화를 통한 의사소통이 불충분하거나 불가능할 때
- 업무와 관련된 보고를 신속히 할 때
- 사무 처리 결과를 일정 기간 보존할 때
- 사무 처리 결과를 증빙하기 위해

### 3 수신 대상에 따른 구분

- 의사 전달 기능
- 제안·설득 기능
- 기록·보존 기능
- 정보 제공 기능
- 협조 기능

### 4 수신 대상에 따른 구분

#### ① 대내 문서

- 기업에서 내부적으로 업무 계획을 수립하거나 처리 방침을 보고 또는 검토하기 위해 결재를 받는 문서
- 특징: 내부적으로 결재를 받는 문서이기 때문에 외부로 발신하지 않음

#### ② 대외 문서

- 조직 외부로 받고 보내는 문서
- 특징: 대내 문서에 비해 형식이나 절차가 까다롭고 엄격함

## 2 문서 작성 요령

- 명확한 구조와 논리적 전개가 중요
- 쉽게 이해할 수 있도록 간결하고 체계적인 표현을 사용

### 1 문서의 목적과 대상 파악하기

#### ① 문서의 목적 정하기

- 문서를 작성하기 전: '이 문서를 작성하는 목적이 무엇인가?'를 명확히 해야 함

#### ② 대상

- 문서를 읽을 대상이 누구인지 고려해야 함

## 2 문서의 기본 구조 설정하기

### 1) 문서의 기본 형식

| 구성 요소 | 설명 | 예시 |
|---|---|---|
| 제목 | 문서의 내용을 한눈에 알 수 있도록 명확하고 간결하게 작성 | 2025년 상반기 실적 보고 |
| 작성자 | 문서를 작성한 사람 또는 부서명 기재 | 해외 영업팀 김켈리 |
| 날짜 | 작성한 날짜를 표기 (YYYY.MM.DD 형식) | 20XX.03.08 |
| 본문 | 서론, 본론, 결론으로 구성하여 논리적으로 작성 | 2) 작성법 참조 |
| 결론 및 요청사항 | 독자가 이해한 후 어떤 행동을 해야 하는지 명확히 제시 | 검토 후 회신 부탁드립니다. |
| 첨부파일 (필요 시) | 문서와 함께 제공해야 할 자료가 있으면 첨부 | 첨부: 매출 분석 보고서.pdf |

### 2) 작성법

#### ① 도입부

- 문서의 목적과 배경을 간단하게 설명함

예 본 문서는 20XX년 상반기 실적을 분석하여 향후 개선 방안을 논의하기 위해 작성되었습니다.

#### ② 핵심 내용 전달

- 정보를 논리적으로 나열하며, 중요한 내용을 먼저 배치함
- 데이터, 근거, 사례 등을 활용하여 신뢰성을 높임

예 20XX년 상반기 매출은 전년 대비 15% 증가하였으며, 주요 성장 요인은 다음과 같습니다.

신제품 출시 효과 (5%)

해외 시장 확대 (7%)

기존 고객 유지율 상승 (3%)

### ③ 마무리 및 요청 사항

- 핵심 내용을 다시 요약하고, 받는 사람이 해야 할 행동(검토, 회신, 회의 일정 조율 등)을 명확히 전달함

## 3 실무 한국어 문장의 특징과 사용법

### ① 명확하고 간결한 문장 사용

- 긴 문장은 짧게 나눔

### ② 핵심 내용 전달

- 존댓말과 격식 있는 표현 사용

| 예 일상적인 표현 | → | 공식적인 표현 |
|---|---|---|
| "해주세요" | → | "부탁드립니다" |
| "생각합니다" | → | "검토하겠습니다" |
| "알려 주세요" | → | "회신 부탁드립니다" |

### ③ 한자어 및 전문 용어 사용 주의

- 어려운 한자어나 전문 용어는 가급적 피하고, 필요한 경우 쉽게 설명함

## 4 문서 작성 후 검토 및 수정하기

- 문서 작성 후 반드시 검토 단계를 거쳐야 함

### ① 맞춤법 및 문법 검사

- 한글 맞춤법 검사기를 사용하여 오류를 줄임

### ② 논리적 흐름 점검

- 문장이 논리적으로 연결되는지 확인함
- 문서의 목적이 명확히 전달되는지 검토함

### ③ 불필요한 반복 제거

- 같은 내용을 여러 번 반복하지 않도록 조정함

# 02 필수 문장부호 사용법

- 문장부호는 문장의 흐름을 정리하고 메시지의 정확성을 전달함
- 문서의 전문성을 높이고 보는 사람의 이해를 돕는 데 큰 역할을 함

## 1 마침표 (.)

**① 문장을 끝맺을 때 사용**

**② 마침표는 평서문과 명령문의 끝에 사용되며, 문장을 완결하는 역할**

예 "오늘 회의는 3시에 진행됩니다."

**③ 주의할 점**

- 공식 문서에서는 반드시 마침표를 사용함
- 비즈니스 문서에서는 '-ㅂ니다/습니다'체를 주로 사용하므로, 마침표를 꼭 붙여야 함

예 "검토 후 의견 부탁드립니다" (X) → "검토 후 의견 부탁드립니다."

## 2 쉼표 (,)

**① 문장 안에서 호흡을 구분할 때 사용**

**② 문장에서 자연스럽게 끊어 읽어야 하는 부분에 사용함**

예 "회의 일정은 3월 10일, 3월 15일, 3월 20일 중에서 선택 가능합니다."

### ③ 주의할 점

- 문장 중간에 쉼표를 과도하게 사용하지 않음
- 쉼표 대신 접속사(그리고, 그러나, 또한 등)를 사용하는 것이 더 자연스러울 때도 있음

예 "회의는, 다음 주 수요일, 3층 회의실에서, 진행될 예정입니다." (X)
→ "회의는 다음 주 수요일 3층 회의실에서 진행될 예정입니다."

## 3 물음표 (?)

### ① 질문하는 문장에서 사용

### ② 물음표는 의문문을 끝맺을 때 사용

예 "회의 일정이 확정되었습니까?"

### ③ 주의할 점

- 비즈니스 문서에서는 물음표를 거의 사용하지 않음
- "확인 부탁드립니다.", "검토해 주시기 바랍니다." 같은 정중한 표현을 사용함

예 "회의 일정이 확정되었나요?" (X)
→ "회의 일정이 확정되었는지 확인 부탁드립니다."

## 4 느낌표 (!)

### ① 감정이나 강한 의도를 표현

### ② 느낌표는 감탄문이나 명령문에서 강조할 때 사용

예 "신제품이 출시되었습니다!"

③ 주의할 점

- 비즈니스 문서에서는 느낌표를 거의 사용하지 않음
- 공식적인 문서에서는 객관적인 표현이 중요

예 "꼭 참석해 주세요!" (X)
→ "참석해 주시기 바랍니다."

## 5 따옴표 (" ")

① 인용문이나 강조할 때 사용

② 따옴표는 다른 사람의 말을 직접 인용하거나, 특정 용어를 강조할 때 사용함

예 "당사의 핵심 가치는 '신뢰'와 '혁신'입니다."

③ 주의할 점

- 비즈니스 문서에서는 강조 용도로 따옴표를 과도하게 사용하지 않음

예 "본 제품은 '최고의 품질'을 자랑합니다." (X)
→ "본 제품은 최고의 품질을 자랑합니다."

## 6 콜론 (:)

① 설명이나 항목을 나열할 때 사용

② 콜론은 특정 내용을 강조하거나, 설명을 추가할 때 사용

예 "필수 서류: 신분증 사본, 계약서 사본, 신청서"

③ 주의할 점

- 콜론 앞에는 붙여 쓰고, 뒤에는 띄어 쓰는 것이 일반적임

예 "제출 서류 : 신청서, 계약서, 신분증" (X)
→ "제출 서류: 신청서, 계약서, 신분증"

## 7 괄호 ( )

### ① 추가 설명을 삽입할 때 사용

### ② 괄호는 문장 속에서 부연 설명이나 참고 정보를 제공할 때 사용

예 "회의 장소는 본사 3층 대회의실(302호)입니다."

### ③ 주의할 점

- 과도하게 사용하면 문장이 복잡해 보일 수 있으므로, 꼭 필요한 경우에만 사용함

예 "이번 회의에서는 다양한 의견(고객 피드백, 내부 분석, 외부 컨설팅)을 종합적으로 검토할 예정입니다."

→ 너무 많은 정보를 괄호에 넣으면 가독성이 떨어질 수 있음

# 03 비즈니스 이메일 작성법

비즈니스 이메일은 회사나 조직에서 공식적인 목적으로 주고받는 것으로, 회사 내부 직원끼리 보내기도 하고 고객이나 협력 업체와 소통할 때 사용하기도 함

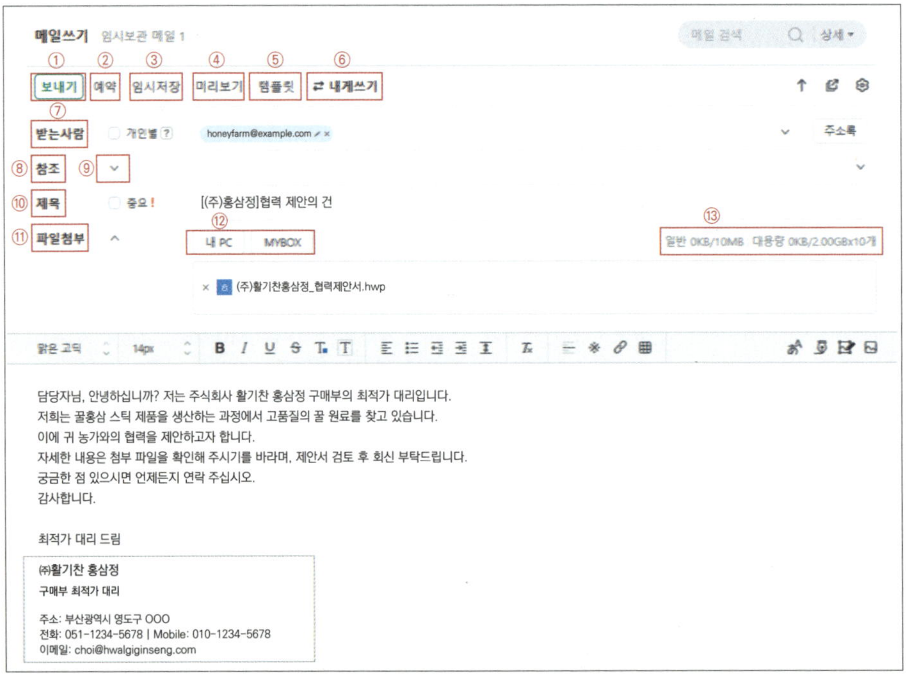


| | | |
|---|---|---|
| ① | 보내기(전송) | 작성한 이메일을 상대방에게 전송하는 기능 |
| ② | 예약(예약 발송) | 이메일을 특정 날짜와 시간에 자동으로 보내도록 설정하는 기능 |
| ③ | 임시저장(초안 저장) | 작성 중인 이메일을 저장해 두었다가 나중에 수정하거나 보낼 수 있는 기능 |
| ④ | 미리보기(사전 확인) | 이메일을 보내기 전에 화면에서 확인할 수 있는 기능 |
| ⑤ | 템플릿(서식, 이메일 양식) | 자주 사용하는 이메일 형식을 저장해 두고 쉽게 불러와서 사용할 수 있는 기능 |

| ⑥ | 내게 쓰기(자신에게 보내기, 테스트 메일) | 내가 나에게 이메일을 보내는 기능 (중요한 내용을 저장할 때 사용) |
|---|---|---|
| ⑦ | 받는사람(수신자) | 이메일을 받는 사람의 이메일 주소를 입력하는 칸 |
| ⑧ | 참조(CC, 공동 수신) | 이메일을 함께 확인하면 좋은 사람들의 이메일 주소를 입력하는 칸 |
| ⑨ | 숨은참조(BCC, 비공개 참조) | 이메일을 받지만, 다른 사람에게는 보이지 않는 이메일 주소를 입력하는 칸 |
| ⑩ | 제목(메일 제목, 이메일 제목) | 이메일의 내용을 짧고 명확하게 설명하는 문장 |
| ⑪ | 파일첨부(첨부 파일, 파일 추가) | 이메일에 문서, 사진, 동영상 등의 파일을 추가하는 기능 |
| ⑫ | 내PC/클라우드(로컬 저장소/클라우드 저장소) | 파일을 컴퓨터에서 가져오거나, 인터넷 저장 공간(클라우드)에서 불러오는 기능 |
| ⑬ | 일반/대용량(기본 첨부/고용량 첨부) | 일반 크기의 파일을 첨부하거나, 큰 파일을 특별한 방식으로 보내는 기능 |

구성

제목 → 인사 및 자기소개 → 본문 → 마무리 → 서명

## 1 제목

① 이메일의 내용과 목적을 간단하고 명확하게 표현함

② [ ] 안에 기업이나 부서명을 써서 받는 사람이 알아보기 쉽게 하면 좋음

③ 제목은 간결하게 작성하되 필요한 경우 ( ) 안에 내용을 추가하여 명확하게 할 수 있음

| 주요표현 | 예 |
|---|---|
| N의 건 | [(주)홍삼정] 협조 요청의 건 |
| N에 관한[대한] N: 안내/요청/보고/확인/접수/조사… | [(주)홍삼정] 상품 샘플 제작에 관한 요청 |
| N에 관해[대해] | [(주)홍삼정] 제작비 지급에 관해 |
| N | [영업부] 회의 일정 조정 안내 |
| N에 관해[대해] V: 문의 드립니다/연락 드립니다 | [영업부] 운영비 지출에 대해 문의 드립니다(장소 대여). |

## 2 인사 및 자기소개

### ① 상대방에게 예의를 갖춘 첫 인사말을 씀

| 주요표현 |
|---|
| 홍길동 대리님, 안녕하십니까? |

### ② 이름을 모를 경우에는 직책이나 부서명을 사용할 수 있음

| 주요표현 |
|---|
| 담당자님, 좋은 하루 보내고 계신지요? |

### ③ 처음 이메일을 보내는 경우, 자신의 이름, 소속, 직책을 간단히 소개함

이때, 발신인의 회사명, 부서명, 직책, 이름의 순으로 씀

| 주요표현 |
|---|
| 저는 (주)활기찬 홍삼정의 해외영업팀에서 대리로 일하고 있는 김켈리입니다. |
| 저는 (주)활기찬 홍삼정의 해외영업팀에서 아시아 지역을 담당하고 있는 대리 김켈리입니다. |

### ④ 반복적으로 이메일을 주고받은 사이에는 일부를 생략할 수 있음

예 저는 (주)홍삼정 해외영업부 대리 김켈리입니다.
해외영업부 팀장 홍길동입니다.

## 3 본문

### ① 이메일을 쓰는 목적(이유)를 먼저 말하고, 그 다음 구체적인 내용을 설명함

### ② 문장을 간결하게 씀

| 목적 | 주요표현 | 예시 |
|---|---|---|
| 문의 | ~에 대해 문의드립니다 | 신제품 출시 일정에 대해 문의드립니다. |
| | ~에 관해 알고 싶습니다 | 귀사의 서비스에 관해 알고 싶습니다. |
| | ~인지 확인 부탁드립니다 | 납품 기한이 언제까지인지 확인 부탁드립니다. |

| | | |
|---|---|---|
| 요청 | ~을 요청드립니다 | 자료 공유를 요청드립니다. |
| | ~해 주시면 감사하겠습니다 | 회의록을 공유해 주시면 감사하겠습니다. |
| | 협조 부탁드립니다 | 설문 조사 참여 협조 부탁드립니다. |
| 감사 | ~에 대해 감사드립니다 | 신속한 답변에 대해 감사드립니다. |
| | 도움 주셔서 감사합니다 | 자세한 설명 도움 주셔서 감사합니다. |
| | 덕분에 잘 해결되었습니다 | 도와주신 덕분에 잘 해결되었습니다. |
| 정보 전달 | ~(으)ㅁ을 알려드립니다 | 회의 시간이 변경되었음을 알려드립니다. |
| | 에 대한 내용을 공유드립니다 | 프로젝트 진행 상황에 대한 내용을 공유 드립니다. |
| | 다음과 같습니다 | 협력사 방문 일정은 다음과 같습니다. |
| 확인/ 답변 | ~(으)ㅁ을 확인 드립니다 | 주문하신 내역이 정상적으로 접수되었음을 확인 드립니다. |
| | 문의하신 내용은 다음과 같습니다 | 문의에 대한 답변은 첨부 파일의 내용을 참고 부탁드립니다. |
| | 잘 받았습니다 | 보내주신 자료는 잘 받았습니다. |

## 4 마무리

협조나 회신 요청 등의 내용을 쓴 후, 감사의 표현과 인사를 남김

| 목적 | 주요표현 | 예시 |
|---|---|---|
| 첨부 | ~을/를 첨부하였습니다 | 요청하신 자료를 첨부하였습니다. |
| | 자세한 내용은 첨부 파일을 확인해 주십시오 | OO서 내용은 첨부 파일을 확인해 주십시오. |
| 마무리 | 회신 부탁드립니다 | 제안서 검토 후 회신 부탁드립니다. |
| | 답변 부탁드립니다 | 빠른 시일 내에 답변 부탁드립니다. |
| | 감사합니다 | 궁금한 점 있으시면 언제든지 연락 주십시오. 감사합니다. |

## 5 서명

① 보내는 사람의 명함 역할을 함

② 이름, 부서명, 직책, 회사명, 전화, 이메일, 회사 주소 등 보내는 사람에 관한 정보로 구성함

③ 줄 간격과 정렬을 맞춤

④ 정해진 회사 양식이 있으면 그에 따름

- 이름: 김켈리 (KIM Kelly)
- 직책: 해외영업팀 대리
- 회사명: ㈜활기찬 홍삼정
- 전화: 051-1234-5678 | Mobile: 010-1234-5678
- 이메일: kelly.kim@hwalgiginseng.com
- 주소: 부산광역시 영도구 OOO

---

㈜활기찬 홍삼정
해외영업팀 김켈리(KIM Kelly) 대리

주소: 부산광역시 영도구 OOO
전화: 051-1234-5678 | Mobile: 010-1234-5678
이메일: kelly.kim@hwalgiginseng.com

---

김켈리 (KIM Kelly)
해외영업팀 대리

051-1234-5678
010-1234-5678
kelly.kim@hwalgiginseng.com

㈜활기찬 홍삼정
부산광역시 영도구 OOO

---

김켈리 (KIM Kelly)
해외영업팀 대리

051-1234-5678 | 010-1234-5678
kelly.kim@hwalgiginseng.com | 부산광역시 영도구 OOO

# 04 프레젠테이션

## 1 의미

- 프레젠테이션은 정보를 효과적으로 전달하기 위해 시청각 자료를 활용하여 발표하는 활동
- 발표자가 주제를 설명하고, 아이디어를 공유하며, 메시지를 전달하는 중요한 도구로 활용

## 2 작성 과정 및 방법

| | |
|---|---|
| 내용 결정 | - 목적과 전략을 결정<br>- 청중에 대한 정보 수집과 분석<br>- 주제 설정<br>- 시나리오 작성<br>- 시간 설정과 배분 |
| 자료 작성 | - 기초 자료 수집<br>- 자료 분석과 선택<br>- 자료 재구성<br>- 자료 배치<br>- 내용 결정과 작성<br>- 내용의 시각화(PPT 제작) |
| 발표 준비 | - 발표장소 확인<br>- 발표 연습 |
| 프레젠테이션 | - 서론: 분위기 조성, 핵심내용 소개, 발표 과정 소개<br>- 본론: 내용 제시<br>- 결론: 주의 환기, 내용 요약과 강조, 질의응답, 마무리 |

## 3 좋은 프레젠테이션의 조건

- 결론 → 각 항목의 소주제 → 세부적인 내용과 근거 순으로 준비함
- 한 화면에 한 가지 내용만 작성함
- 중요한 내용은 반복적으로 제시함
- 그래프, 사진, 도표는 청중의 인식 수준에 맞추어 작성함
- 수치는 청중이 이해하기 쉽게 일상적인 것과 비교함

## 4 유의사항

- 전문 용어와 약어는 사용하지 않음
- 쉬운 말로 간결하게 표현함
- 청중과 화면을 50 : 50으로 주시함
- 자신감 있는 태도와 친화적인 목소리로 설명함
- 신뢰감 있는 표정과 몸짓을 보임

## 5 주요 표현

<table>
<tr><td rowspan="2">시작하기</td><td>1) 자기소개<br>안녕하세요. 저는 OOO입니다.<br>먼저 제 소개를 간단히 하겠습니다.</td></tr>
<tr><td>2) 주제 소개<br>오늘 발표할 주제는 ~입니다.<br>제가 오늘 준비한 것은 ~입니다.<br>지금부터 제가 조사한 ~에 대해 발표를 시작하겠습니다.<br>저는 ~(이)라는 주제로 발표를 하겠습니다.<br>오늘의 발표에서는 ~에 대해 다룰 것입니다.</td></tr>
</table>

| | |
|---|---|
| 가운데 | **1) 주요 내용 소개**<br>다음으로 ~에 대해 설명드리겠습니다.<br>첫 번째로 말씀드릴 내용은~입니다.<br>이제 다음 주제로 넘어가겠습니다. |
| | **2) 데이터 및 통계 설명**<br>여러분도 아시다시피 ~<br>이 자료를 보시면 ~ㄴ/는다는 것을 알 수 있습니다.<br>다음 슬라이드에서 보시다시피 ~이/가 보여 줍니다.<br>이 그래프는 ~의 성장 추이를 나타냅니다.<br>조사 결과에 따르면, ~(이)라는 결과가 나타났습니다. |
| | **3) 요약 및 결론**<br>요약하자면 ~입니다.<br>결론적으로 ~(이)라고 할 수 있습니다.<br>오늘 발표한 내용을 통해 ~에 대해 더 깊이 이해하셨기를 바랍니다. |
| | **4) 질의응답**<br>이제 질문을 받겠습니다. 질문이 있으시면 말씀해 주십시오.<br>궁금한 점이 있으시면 언제든지 질문해 주세요.<br>혹시 질문이 있으시면 말씀해 주십시오.<br>질문이 있으신 분은 자유롭게 질문해 주시기 바랍니다. |
| 마무리 | 질문이 없으시면 발표를 마치도록 하겠습니다.<br>이상으로 ~에 대한 발표를 마치겠습니다.<br>지금까지 ~에 대해 말씀드렸습니다.<br>끝까지 들어주셔서 감사합니다.<br>추가 질문이나 논의가 필요하시면 언제든지 연락해 주세요. 감사합니다. |

# Ⅱ

# 문서 작성의 실제

# 01 이력서

**의미**

- 지원자의 학력, 직무 적성, 직무 능력 등의 정보를 제공하는 문서
- 면접을 위한 서류 전형에서 가장 중요한 평가 자료

# 어휘

| 한국어 | 영어 | 중국어 | 베트남어 |
|---|---|---|---|
| ❑ 기본 | ❑ Basic | ❑ 基本 | ❑ Cơ bản |
| ❑ 보조 | ❑ Assistant | ❑ 辅助 | ❑ Phụ tá |
| ❑ 복장 | ❑ Outfit | ❑ 服装 | ❑ Trang phục |
| ❑ 주전공 | ❑ Major | ❑ 主修专业 | ❑ Chuyên ngành chính |
| ❑ 부전공 | ❑ Minor | ❑ 辅修专业 | ❑ Chuyên ngành phụ |
| ❑ 취득 | ❑ Obtain | ❑ 取得 | ❑ Đạt được |
| ❑ 발령청 | ❑ Appointing Agency | ❑ 颁发机关 | ❑ Cơ quan bổ nhiệm |
| ❑ 서식 | ❑ Form | ❑ 表格 | ❑ Mẫu đơn |
| ❑ 서약 | ❑ Oath | ❑ 承诺 | ❑ Lời cam kết |
| ❑ 영업 | ❑ Sales | ❑ 营业 | ❑ Kinh doanh |
| ❑ 인적 사항 | ❑ Personal Information | ❑ 个人资料 | ❑ Thông tin cá nhân |
| ❑ 직무 | ❑ Job | ❑ 职务 | ❑ Công việc |
| ❑ 학력 | ❑ Educational Background | ❑ 学历 | ❑ Trình độ học vấn |

# 어휘 확인하기

**1. 알맞은 말을 골라 빈칸에 쓰십시오.**

| 학력 | 복장 | 보조 | 영업 | 부전공하다 |
|---|---|---|---|---|

① 학교를 다닌 경력 (　　　　)

② 옷을 차려입은 모양 (　　　　)

③ 이익을 목적으로 하는 행위 (　　　　)

④ 노력이나 행동으로 남을 도와줌 (　　　　)

⑤ 대학에서 다른 학과나 학부의 전공을 부수적으로 함 (　　　　)

**2. 제시된 표현을 사용하여 문장을 완성하십시오.**

| 기본 | 인적 사항 | 주전공 | 직무 | 서약 |
|---|---|---|---|---|

① 모든 일에는 (　　　　)이 중요하다.

② 그는 경영학을 (　　　　)으로 선택했다.

③ 오늘 회사에 기밀 유지에 (　　　　)을 하였다.

④ 지원자는 해당 (　　　　)에 대한 경험이 풍부하다.

⑤ 개인 정보 보호를 위해 (　　　　)은 외부에 공개되지 않는다.

**3. 주어진 단어를 사용하여 문장을 완성하십시오.**

① 나는 올해 ______________________________(취득)

② 문서를 제출할 때에는 회사에서 원하는 ______________________________(서식)

③ 한국어능력시험 자격증의 ______________________________(발령청)

## 문서 보기

# 이 력 서

1. 기본정보

| 사진 | 성 명 | 김켈리 | 성별 | 남 |
|---|---|---|---|---|
| | 외국인등록번호 | **0101-3123123 | 나이 | 25 |
| | 주 소 | 부산광역시 00구 00로 123-1, 102호 | | |
| | 휴대폰 | 010-1234-1234 | | |
| | e-mail | power@power.com | | |

2. 학력사항

| 년/월/일 | 학 교 명 | 전공과목 및 학과 |
|---|---|---|
| 20XX/02/28 | △△고등학교 | |
| 20XX/02/28 | △△대학교 | 경영학(주전공)<br>식품영양학(부전공) |

3. 자격증 및 능력

| 취득년월일 | 자 격 증 | 발령청 |
|---|---|---|
| 20XX/10/20 | 한국어능력시험 TOPIK 6급 | 국립국제교육원 |
| 20XX/05/14 | 유통관리사2급 | 대한상공회의소 |

4. 경력사항

| 회사명 | 직위 및 업무내용 | 기간 |
|---|---|---|
| 종손집식품 | 20XX년 외국인 대학생 인턴십 프로그램 (해외영업 보조) | 20XX/09/01~20XX/12/30 |
| 튼튼제약 | 20XX년 글로벌 인턴십 프로그램(영업부) | 20XX/09/01~20XX/03/30 |

5. 기타 활동

| 활동명 | 활동 내용 | 활동기간 |
|---|---|---|
| K-FOOD 연구회 | 대학 K-FOOD 연구회 활동 | 20XX/09/01~20XX/12/30 |

위의 사실이 틀림없음을 서약합니다.

20XX 년 12 월 15 일

지원자 김켈리 (서명)

인적 사항

학력 사항

자격 사항

경력 사항

직무 관련 기타 활동

## 문서 이해하기

**1. 인적 사항**

성명/성별/외국인 등록번호/나이
- 김켈리/남/**0101-3123123/25세

주소
- 부산광역시 ○○구 ○○로 123-1, 102호

e-mail
- power@power.com

**2. 학력사항**

대학교 졸업
- 20XX/02/28, OO대학교, 경영학(주전공) / 식품영양학(부전공)

**3. 자격사항**

20XX/02/28, 한국어능력시험 TOPIK 6급, 국립국제교육원(발령청)

20XX/10/13, 유통관리사2급, 대한상공회의소

**4. 경력사항**

종손집식품, 20XX년 외국인 대학생 인턴십 프로그램(해외영업 보조), 20XX/06/13~20XX/09/20

튼튼제약, 20XX년 글로벌 인턴십 프로그램(영업부), 20XX/011/01~20XX/01/30

**5. 직무관련 기타활동**

K-FOOD 연구회, 대학 K-FOOD 연구회 활동, 20XX/04/01~20XX/02/28

# 준비하기

## 1. 작성 방법

- 최근 3개월 이내에 단정한 복장으로 촬영한 사진을 사용한다.
- 학력 사항은 일반적으로 고등학교 때부터 작성한다.
- 경력 사항은 지원하는 업무와 관련된 동아리 활동이나 아르바이트 경험을 작성한다.
- 경력 사원의 경우 근무처 부서, 근무 기간, 담당 업무 등을 자세히 작성한다.
- 자격 사항은 업무와 관련한 자격증부터, 그 외 취득한 순서대로 작성한다.
- 어학 능력은 취득 점수나 등급을 반드시 기재한다.
- 기타 사항은 업무 관련 교육과정이나 어학연수, 동아리 모임 등을 기재한다.
- 지원서 마지막에 지원자의 이름과 서명한다.

## 2. 유의사항

- 솔직하게 작성한다.
- 간단하고 구체적으로 작성한다.
- 틀린 글자가 없도록 여러 번 확인한다.
- 일정한 서식에 따라 줄을 맞추어 작성한다.
- 중요 사항을 위주로, 연도순으로 기록한다.

# 문서 구성하기

- 개요 작성하기

| | |
|---|---|
| 1. 인적 사항 | 성명/성별/외국인 등록번호/나이 |
| | 주소 |
| | e-mail |
| 2. 학력사항 | |
| 3. 자격사항 | |
| 4. 경력사항 | |
| 5. 직무관련 기타활동 | |

- 문서 작성하기(→ 부록. 활동지)

# 메모장

# 02 자기소개서

### 의미

- 이력서에 담기 어려운 지원자의 정보를 쓴 문서
- 지원자의 성장 배경, 사고방식, 입사 동기 및 각오 등을 포함하여 작성

# 어휘

| 한국어 | 영어 | 중국어 | 베트남어 |
|---|---|---|---|
| ❑ 역량 | ❑ Competency | ❑ 能力 | ❑ Năng lực |
| ❑ 사고방식 | ❑ Mindset | ❑ 思维方式 | ❑ Tư duy |
| ❑ 인턴십 프로그램 | ❑ Internship Program | ❑ 实习项目 | ❑ Chương trình thực tập |
| ❑ 실무 | ❑ Field Work | ❑ 实务 | ❑ Công việc thực tế |
| ❑ 진출 | ❑ Entry | ❑ 进入 | ❑ Thâm nhập |
| ❑ 전략 | ❑ Strategy | ❑ 战略 | ❑ Chiến lược |
| ❑ 원활하다 | ❑ Smooth | ❑ 顺利 | ❑ Thuận lợi |
| ❑ 협상 | ❑ Negotiation | ❑ 协商 | ❑ Đàm phán |
| ❑ 기여하다 | ❑ Contribute | ❑ 贡献 | ❑ Góp phần |
| ❑ 문화권 | ❑ Cultural Area | ❑ 文化圈 | ❑ Vùng văn hóa |
| ❑ 개척 | ❑ Development | ❑ 开拓 | ❑ Khai phá |
| ❑ 시각 | ❑ Perspective | ❑ 视角 | ❑ Góc nhìn |
| ❑ 유연하다 | ❑ Flexible | ❑ 灵活 | ❑ Linh hoạt |
| ❑ 대응하다 | ❑ Respond | ❑ 应对 | ❑ Ứng phó |
| ❑ 목표지향적 | ❑ Goal-oriented | ❑ 目标导向型 | ❑ Định hướng mục tiêu |
| ❑ 성향 | ❑ Tendency | ❑ 倾向 | ❑ Khuynh hướng |
| ❑ 수행하다 | ❑ Carry out | ❑ 执行 | ❑ Thực hiện |
| ❑ 경향 | ❑ Trend | ❑ 倾向性 | ❑ Xu hướng |
| ❑ 검토하다 | ❑ Review | ❑ 审核 | ❑ Xem xét |
| ❑ 업계 | ❑ Industry | ❑ 业界 | ❑ Ngành công nghiệp |
| ❑ 우선순위 | ❑ Priority | ❑ 优先顺序 | ❑ Ưu tiên |
| ❑ 형성 | ❑ Development | ❑ 建立 | ❑ Phát triển |
| ❑ 건네다 | ❑ Greet | ❑ 打招呼 | ❑ Chào |
| ❑ 주도하다 | ❑ Take the initiative | ❑ 主导 | ❑ Chủ động |

# 어휘 확인학습

## 1. 알맞은 말을 골라 빈칸에 쓰십시오.

| 개척 | 경향 | 목표 지향적 | 문화권 | 성향 |
|---|---|---|---|---|

① 성질에 따른 경향 (　　　　)

② 새로운 영역을 처음으로 열어 나감 (　　　　)

③ 현상이나 사상 등이 어떤 방향으로 기울어짐 (　　　　)

④ 특정한 목표를 이루기 위해 가져야 하는 노력과 행동의 욕구 (　　　　)

⑤ 공통된 특징을 보이는 어떤 문화가 지리적으로 분포하는 범위 (　　　　)

## 2. 제시된 표현을 사용하여 문장을 완성하십시오.

| 심층적 | 파악하다 | 사고방식 | 실무 경험 | 협상 |
|---|---|---|---|---|

① (　　　　)이 많을수록 업무 능력이 향상된다.

② 열린 (　　　　)이 새로운 기회를 만들 수 있다.

③ 두 회사 간의 무역 (　　　　)이 잘 진행되고 있다.

④ 그는 고객의 요구를 정확히 (　　　　)하려고 노력했다.

⑤ 이 보고서는 시장의 변화를 (　　　　)으로 다루고 있다.

## 3. 주어진 단어를 사용하여 문장을 완성하십시오.

① 그는 변화하는 상황에 ______________________________(유연하다)

② 회사는 고객 불만에 적극적으로 ______________________(대응하다)

③ 나는 고객과의 원활한 소통을 통해 이번 프로젝트에 ________(기여하다)

# 문서 보기

| 성장 배경 |
| --- |
| 저는 미국에서 태어나고 자랐지만, 한국인 아버지 덕분에 어릴 때부터 한국 문화와 음식에 자연스럽게 익숙해졌습니다. 특히 가족과 함께한 식사 시간은 한국의 식문화를 경험하는 소중한 순간이었습니다. 한국에 대한 관심이 점점 커지면서, 한국어 실력을 향상시키고 한국의 비즈니스 문화를 직접 경험하고 싶다는 목표가 생겼습니다. 그 결과, 한국의 대학에서 유학하며 경영학과 식품영양학을 전공하게 되었습니다. |

| 관련 경험 및 역량 |
| --- |
| 대학교 재학 중 저는 한국 식품업계에서 글로벌 시장을 위한 해외영업 분야에 관심을 가지게 되었습니다. 이를 위해 종손집 식품의 외국인 대학생 인턴십 프로그램에 참가하여 해외영업팀을 보조하며 실무 경험을 쌓았습니다. 또한, 튼튼제약의 글로벌 인턴십 프로그램에서 영업부 활동을 경험하며 해외 고객과의 소통 능력을 기르고, 시장 조사 및 영업 전략의 중요성을 배웠습니다. 이 과정에서 한국 기업의 해외 시장 진출 전략에 대한 이해를 넓힐 수 있었습니다. |

| 지원 동기 및 포부 |
| --- |
| '활기찬 홍삼정'은 전통적인 홍삼 제품을 글로벌 시장에 성공적으로 알리고 있는 기업으로, 저의 경험과 관심 분야와 잘 맞아 지원하게 되었습니다. 저는 해외영업팀에서 저의 한국어 및 영어 능력을 활용하여 여러 문화권의 고객과의 원활한 소통을 돕고 싶습니다. 그리고 글로벌 시장 개척을 위한 전략을 세우는 데 도움이 되고 싶습니다.<br>앞으로도 한국 식품 브랜드의 세계적 경쟁력을 높이는 데 기여할 수 있도록 노력하며, 해외영업 전문가로 성장하고 싶습니다. |

| 성격의 장점과 단점 |
| --- |
| **저는 적극적이고 열린 사고방식을 가진 사람입니다.** 해외영업 업무에서는 다양한 문화권의 고객을 이해하고 원활하게 소통하는 것이 중요합니다. 저는 어릴 때부터 한국과 미국 두 문화를 경험하며 다양한 시각을 받아들이는 자세를 길러왔습니다. 이러한 경험 덕분에 해외 고객과의 협상에서도 유연하게 대응하고, 고객의 요구를 파악하는 데 강점을 가지고 있습니다.<br>또한, **저는 책임감이 강하고 목표지향적인 성격입니다.** 해외영업에서는 장기적인 전략을 세우고 이를 꾸준히 실행하는 것이 필수적입니다. 종손집 식품과 튼튼제약의 인턴십을 통하여 주어진 업무를 철저히 수행하는 태도를 길렀으며, 목표를 설정하고 달성하기 위해 끊임없이 노력하는 자세를 갖추게 되었습니다.<br>한편, **저는 완벽한 성향이 있어 업무를 수행할 때 꼼꼼하게 검토하려는 경향이 있습니다.** 이는 품질을 중요시하는 식품업계에서는 강점이 될 수 있지만, 때때로 의사 결정을 신속하게 내려야 하는 상황에서는 시간이 오래 걸릴 수도 있습니다. 이를 극복하기 위해 업무의 우선순위를 정하고, 신속한 판단이 필요한 경우에는 80%의 완성도를 목표로 실행하는 습관을 기르고 있습니다.<br>**그리고 저는 처음 만나는 사람과 자연스럽게 친해지는 것이 어려울 때가 있습니다.** 하지만 해외영업에서는 다양한 고객과의 원활한 관계 형성이 중요한 만큼, 이를 극복하기 위해 먼저 인사를 건네고 대화를 주도하는 연습을 해왔습니다. 특히 인턴십 경험을 통해 적극적으로 소통하는 방법을 배우면서 점차 자신감을 가지게 되었고, 고객과의 관계 형성에도 긍정적인 영향을 미치고 있습니다. |

# 문서 이해하기

## 1. 성장배경

**출생 및 성장**
- 미국에서 태어나서 자람

**가족 및 문화적 영향**
- 한국인 아버지로 인해 자연스럽게 한국 문화에 익숙해짐

**특별한 경험**
- 가족과의 식사시간과 한국의 식문화 체험
- 문화적 정체성에 긍정적 영향

**관심 및 목표 형성**
- 한국에 대한 관심이 증가하고 한국어 실력 향상을 목표로 함

**학업 및 진로 선택**
- 한국 대학으로 유학을 결심함
- 경영학 및 식품영약학 전공

## 2. 경력사항

**해외영업 실무 경험**
- 종손집 식품 외국인 대학생 인턴십에서 해외영업팀 보조 경험

**글로벌 비즈니스 역량 강화**
- 튼튼제약 글로벌 인턴십에서 영업부 활동 참여
- 해외 고객 소통 및 시장 조사 경험

**국제 시장 진출 전략 이해**
- 한국 기업의 글로벌 시장 진출 전략학습 및 능력 함양

## 3. 지원 동기 및 포부

**지원동기**
- 글로벌 시장 개척에 관심이 많음
- 한국어와 영어 활용 및 관련 전공으로 해외 고객과의 소통과 제품에 대한 전달에 기여하고 싶음

**포부**
- 한국 식품 브랜드의 세계적 경쟁력 강화에 힘쓰고 싶음
- 해외영업 전문가로 성장하고자 함

## 4. 성격의 장 · 단점

**성격의 장점**
- 적극적, 열린 사고방식, 책임감, 목표 지향적, 해외 고객 소통능력

**성격의 단점**
- 완벽주의 성향 - 80% 완성도로 목표 실행 노력
- 신속한 의사 결정 어려움 - 우선순위
- 초기 대인관계 어색함 - 적극적 대화 및 대화 시도로 극복

# 준비하기

## 1. 작성 방법

- 성장 배경은 직무와 연결시켜서 자신의 좌우명, 가치관을 기술한다.
- 경력 사항은 학교 졸업 후 경험 또는 직무과정 자격증을 적용한다.
- 입사 후 포부는 실현가능한 계획을 작성한다.
- 성격의 장점은 직무와 연결하고 단점은 개선할 수 있는 구체적인 행동 및 노력을 쓴다.

## 2. 유의사항

- 솔직하게 작성한다.
- 간단하고 구체적으로 작성한다.
- 틀린 글자가 없도록 여러 번 확인한다.
- 일정한 서식에 따라 줄을 맞추어 작성한다.
- 중요 사항을 위주로, 연도순으로 기록한다.
- '-ㅂ니다/습니다' 표현을 사용한다.

# 문서 구성하기

- 개요 작성하기

1. 성장배경

2. 경력사항

3. 지원 동기 및 포부

4. 성격의 장점과 단점

- 문서 작성하기(→ 부록. 활동지)

## 프레젠테이션 해 보기

※ 앞에서 작성한 '자기소개서'를 발표하려고 합니다. 시각 자료를 만들어 아래의 내용으로 발표해 봅시다.

**시작하기**

1) 자기소개

2) 주제 소개

**가운데**

1) 주요 내용 소개

2) 설명

3) 요약 및 결론

4) 질의응답

**마무리**

# 03 품의서

의미

- 어떤 일을 하거나 비용을 사용하기 전에 상사에게 공식적인 허락을 요청하는 문서

# 어휘

| 한국어 | 영어 | 중국어 | 베트남어 |
|---|---|---|---|
| ❑ 허락 | ❑ Approval | ❑ 许可 | ❑ Sự cho phép |
| ❑ 요청하다 | ❑ Request | ❑ 请求 | ❑ Yêu cầu |
| ❑ 품의 | ❑ Proposal | ❑ 呈报 | ❑ Đề xuất |
| ❑ 브로슈어 | ❑ Brochure | ❑ 宣传册 | ❑ Tờ rơi quảng cáo |
| ❑ 홍보 | ❑ Promotion | ❑ 宣传 | ❑ Quảng bá |
| ❑ 제작하다 | ❑ Create | ❑ 制作 | ❑ Sản xuất |
| ❑ 강화 | ❑ Strengthening | ❑ 强化 | ❑ Tăng cường |
| ❑ 현지 | ❑ On-site | ❑ 当地 | ❑ Tại chỗ |
| ❑ 편집 | ❑ Editing | ❑ 编辑 | ❑ Biên tập |
| ❑ 최종 | ❑ Final | ❑ 最终 | ❑ Cuối cùng |
| ❑ 인쇄 | ❑ Printing | ❑ 印刷 | ❑ In ấn |
| ❑ 사유 | ❑ Reason | ❑ 事由 | ❑ Lý do |
| ❑ 바이어 | ❑ Buyer | ❑ 买家 | ❑ Người mua |
| ❑ 요구 | ❑ Requirement | ❑ 要求 | ❑ Yêu cầu |
| ❑ 신뢰도 | ❑ Credibility | ❑ 可信度 | ❑ Mức độ tin cậy |
| ❑ 진행하다 | ❑ Proceed | ❑ 进行 | ❑ Tiến hành |
| ❑ 효율 | ❑ Efficiency | ❑ 效率 | ❑ Hiệu quả |
| ❑ 마케팅 | ❑ Marketing | ❑ 营销 | ❑ Tiếp thị |
| ❑ 경쟁력 | ❑ Competitiveness | ❑ 竞争力 | ❑ Năng lực cạnh tranh |
| ❑ 예산 | ❑ Budget | ❑ 预算 | ❑ Ngân sách |
| ❑ 결제하다 | ❑ Pay | ❑ 结算 | ❑ Thanh toán |
| ❑ 승인하다 | ❑ Approve | ❑ 批准 | ❑ Phê duyệt |

# 어휘 확인학습

**1. 알맞은 말을 골라 빈칸에 쓰십시오.**

| 강화 | 경쟁력 | 사유 | 신뢰도 | 예산 |
|---|---|---|---|---|

① 어떤 일이 일어난 이유나 원인 (　　　　)

② 어떤 대상을 믿을 수 있는 정도 (　　　　)

③ 어떤 일을 하기 위해 필요한 돈의 계획 (　　　　)

④ 다른 사람이나 회사와 경쟁할 만한 힘이나 능력 (　　　　)

⑤ 어떤 능력이나 힘을 더 강하고 튼튼하게 하는 것 (　　　　)

**2. 제시된 표현을 사용하여 문장을 완성하십시오.**

| 비용 | 결제 | 현지 | 상기 | 품의 |
|---|---|---|---|---|

① (　　　　)가 완료되면 주문이 확정된다.

② (　　　　) 문화를 존중하며 여행을 즐겼다.

③ (　　　　)을 절감하기 위해 새로운 방안을 모색해야 한다.

④ 나는 이번 프로젝트 진행을 위해 상사에게 (　　　　)를 올렸다.

⑤ (　　　　)의 사항을 참고하여 업무를 진행해 주시기 바랍니다.

**3. 주어진 단어를 사용하여 문장을 완성하십시오.**

① 좋은 제품을 제공하는 것이 고객과의 ________________ (신뢰도)

② 담당 부서는 다른 회사와의 ________________ (승인하다)

③ 고객은 제품의 하자를 발견하고 ________________ (요청하다)

# 문서 보기

# 품 의 서

| 담당 | 과장 | 부장 | 이사 | 사장 |
|---|---|---|---|---|
| | | | | |

| 작성 일자 | 20XX년 3월 2일 | | |
|---|---|---|---|
| 부서명 | 해외영업부 | 작성자 | 김켈리 |
| 제목 | 해외 시장 홍보용 현지어 브로슈어 제작 요청 | | |

**1. 품의 목적**

- 해외 시장 개척 및 영업 활동 강화를 위해 현지어(영어, 중국어, 태국어 등) 브로슈어를 제작하고자 함

**2. 요청 사항**

| 번호 | 품목 | 언어 | 수량 | 단가 | 총액 | 비고 |
|---|---|---|---|---|---|---|
| 1 | 제품 홍보 브로슈어 | 영어 | 3,000부 | 1,000원 | 3,000,000원 | 해외 박람회 및 미팅용 |
| 2 | 제품 홍보 브로슈어 | 중국어 | 3,000부 | 1,000원 | 3,000,000원 | 중국 시장 |
| 3 | 제품 홍보 브로슈어 | 태국어 | 3,000부 | 1,000원 | 3,000,000원 | 태국 시장 |
| 4 | 디자인 및 번역 비용 | - | - | - | 2,500,000원 | 전문 번역 및 편집 |
| 5 | 인쇄 및 제작비 | - | - | - | 1,500,000원 | 최종 인쇄 |

▶ 총예산: 13,000,000원

**3. 요청 사유**

- 해외 바이어 및 고객에게 회사 제품을 알리기 위해 전문적인 현지어 브로슈어가 필요함
- 현재 사용 중인 한국어 및 영어 브로슈어만으로는 현지 시장에서 효과적인 홍보가 어렵고, 바이어들의 요구에 맞지 않음
- 전문 번역을 거친 브로슈어를 활용하여 제품 신뢰도를 높이고, 해외 영업 활동을 더욱 효과적으로 진행하고자 함

**4. 예상 기대 효과**

① 해외 고객 및 바이어들의 제품 이해도 향상
② 해외 영업 및 마케팅 효율 증대
③ 시장 경쟁력 강화

**5. 결재 요청**

위와 같이 해외 시장 홍보용 현지어 브로슈어 제작을 위한 예산 승인을 요청드립니다.

문서 종류, 결재자

작성일자, 부서, 작성자

제목

품의 목적 요청 사항

요청 사유

기대 효과

결재

# 문서 이해하기

**1. 제목**

해외 시장 홍보용 현지어 브로슈어 제작 요청

**2. 품의 목적 및 요청**

1) 품의 목적

- 현지어(영어, 중국어, 태국어 등) 브로슈어를 제작함
- 회사 및 제품을 효과적으로 홍보하는 데 사용

2) 요청사항

| 번호 | 품목 | 언어 | 수량 | 단가 | 총액 | 비고 |
|---|---|---|---|---|---|---|
| 1 | 제품 홍보 브로슈어 | 영어 | 3,000부 | 1,000원 | 3,000,000원 | 해외 박람회 및 미팅용 |
| 2 | 제품 홍보 브로슈어 | 중국어 | 3,000부 | 1,000원 | 3,000,000원 | 중국 시장 |
| 3 | 제품 홍보 브로슈어 | 태국어 | 3,000부 | 1,000원 | 3,000,000원 | 태국 시장 |
| 4 | 디자인 및 번역 비용 | - | - | - | 2,500,000원 | 전문 번역 및 편집 |
| 5 | 인쇄 및 제작비 | - | - | - | 1,500,000원 | 최종 인쇄 및 후가공 |

**3. 요청 사유**

- 회사를 알리기 위해 전문적인 현지어 브로슈어가 필요함
- 현재 사용 중인 것은 현지 시장에서 효과적인 홍보가 어렵고, 바이어들의 요구에 맞지 않음
- 제품 신뢰도를 높이고, 해외 영업 활동을 더욱 효과적으로 진행하고자 함
- 중국 및 태국 등 아시아 시장 확대를 위함

**4. 기대 효과**

- 해외 고객 및 바이어들의 이해도 향상<br>정확한 제품 정보 제공으로 브랜드 인지도 상승
- 해외 영업 및 마케팅 효율 증대 - 바이어 상담 및 홍보 활동 시 활용 가능
- 시장 경쟁력 강화 - 현지 언어로 된 홍보 자료 제공으로 고객 신뢰도 향상

**5. 결재 요청**

위와 같이 해외 시장 홍보용 현지어 브로슈어 제작을 위한 예산 승인을 요청드립니다.

# 준비하기

## 1. 작성 방법

- 기안서 제목은 무엇을 결재하기 위한 문서인지 기안 목적과 제목을 확인한다.
- 품의 목적과 집행 금액 등 내역이 많은 경우 별도의 자료를 작성한 후 첨부한다.
- 품의서 작성 전 집행 예정 금액이 예산 범위 이내인지 확인한다.

## 2. 유의사항

- 이해하기 쉽게 간단명료하게 작성한다.
- 설득력 있는 내용으로 작성되었는지 확인한다.

# 문서 구성하기

● 개요 작성하기

| | | |
|---|---|---|
| 1. 제목 | | |
| 2. 품의 목적 및 요청 | 1) 품의 목적 | |
| | 2) 요청사항 | |
| 3. 요청 사유 | | |
| 4. 기대 효과 | | |
| 5. 결재 요청 | | |

● 문서 작성하기 (→ 부록. 활동지)

# 프레젠테이션 해 보기

※ 앞에서 작성한 '품의서'를 발표하려고 합니다. 시각 자료를 만들어 아래의 내용으로 발표해 봅시다.

**시작하기**

1) 자기소개

2) 주제 소개

**가운데**

1) 주요 내용 소개

2) 설명

3) 요약 및 결론

4) 질의응답

**마무리**

# 04 기안서

의미

- 의사 결정을 위한 문서를 작성하여 결재를 올리는 것

# 어휘

| 한국어 | 영어 | 중국어 | 베트남어 |
|---|---|---|---|
| ❑ 기안 | ❑ Draft | ❑ 起案 | ❑ Dự thảo |
| ❑ 의사 결정 | ❑ Decision-making | ❑ 决策 | ❑ Ra quyết định |
| ❑ 사원 | ❑ Employee | ❑ 职员 | ❑ Nhân viên |
| ❑ 개최 | ❑ Host | ❑ 举办 | ❑ Tổ chức (sự kiện) |
| ❑ 사내 | ❑ Internal | ❑ 公司内部 | ❑ Nội bộ |
| ❑ 단합 | ❑ Unity | ❑ 团结 | ❑ Đoàn kết |
| ❑ 조직 | ❑ Organization | ❑ 组织 | T❑ ổ chức |
| ❑ 활성화 | ❑ Revitalization | ❑ 激活 | ❑ Đẩy mạnh |
| ❑ 소속감 | ❑ Sense of belonging | ❑ 归属感 | ❑ Cảm giác thuộc về |
| ❑ 협동심 | ❑ Team spirit | ❑ 协作精神 | ❑ Tinh thần hợp tác |
| ❑ 고취하다 | ❑ Encourage | ❑ 激发 | ❑ Truyền cảm hứng |
| ❑ 개요 | ❑ Summary | ❑ 概要 | ❑ Tóm tắt |
| ❑ 주최 | ❑ Organize | ❑ 主办 | ❑ Chủ trì |
| ❑ 참가 | ❑ Participate | ❑ 参加 | ❑ Tham gia |
| ❑ 독려하다 | ❑ Motivate | ❑ 鼓励 | ❑ Khuyến khích |
| ❑ 협조 | ❑ Cooperation | ❑ 协助 | ❑ Hợp tác |
| ❑ 내역 | ❑ Details | ❑ 明细 | ❑ Chi tiết |
| ❑ 대여비 | ❑ Rental fee | ❑ 租赁费 | ❑ Phí thuê |
| ❑ 유대감 | ❑ Bond | ❑ 纽带感 | ❑ Sự gắn bó |

# 어휘 확인학습

**1. 알맞은 말을 골라 빈칸에 쓰십시오.**

| 개요 | 개최 | 근무 | 기안 | 단합 |
|---|---|---|---|---|

① 직장에서 직업에 종사함 (　　　　)

② 모임이나 회의 등을 주최함 (　　　　)

③ 간결하게 추려 낸 주요 내용 (　　　　)

④ 많은 사람이 마음과 힘을 뭉침 (　　　　)

⑤ 사업이나 활동 계획의 초안을 만듦 (　　　　)

**2. 제시된 표현을 사용하여 문장을 완성하십시오.**

| 의사 결정 | 협조 | 협동심 | 유대감 | 활성화 |
|---|---|---|---|---|

① (　　　　　)을 키우기 위해 단체 활동을 자주 진행한다.

② 팀원들과 충분한 논의를 거쳐 최종 (　　　　　)을 내렸다.

③ 원활한 업무를 위해 각 부서 간의 (　　　　　)가 필요하다.

④ 우리는 함께 어려움을 극복하여 (　　　　　)이 더욱 깊어졌다.

⑤ 직원들의 참여를 (　　　　　)하기 위해 보상 제도를 시도했다.

**3. 주어진 단어를 사용하여 문장을 완성하십시오.**

① 팀장은 새 프로젝트에 직원들의 ______________________(독려하다)

② 직원들은 회사 안에서 ______________________________(소속감)

③ 기업의 목표를 명확히 제시하면 직원들의 ______________(고취하다)

# 문서 보기

| 담당 | 과장 | 부장 | 이사 | 사장 |
|---|---|---|---|---|
| | | | | |

## 기 안 서

| 작성 일자 | 20XX년 4월 1일 | | |
|---|---|---|---|
| 부서명 | 인사관리팀 | 작성자 | 이기찬 |

| 제목 | 사원 체육대회 개최 기안서 |
|---|---|

- 사내 조직 문화 활성화 및 직원 간의 단합을 위해 사원 체육대회를 개최함
- 이를 통해 소속감과 협동심을 고취하여 건강한 근무 환경을 만들고자 함

**1. 행사 개요**
- 행사명: 주식회사 활기찬 홍삼정 사원 체육대회
- 일시: 20XX-05-15 09:00 ~ 17:00
- 장소: △△체육공원
- 참석 대상: 전 직원
- 주최: 인사관리팀
- 주요 프로그램: 단체 경기(축구, 농구), 개인 경기(달리기, 팔씨름 등), 노래자랑

**2. 요청 사항**
- 행사 개최 승인 요청
- 예산 승인 요청
- 각 부서별 참가 독려 협조 요청

**3. 소요 예산**
- 장소 대여비: 100만 원
- 경기 진행 비용: 300만 원
- 단체복: 400만 원
- 참가자 식음료 비용: 600 원
- 시상품 및 경품 비용: 1600만 원

  ▶ 총계: 3000만 원

**4. 기대 효과**
- 직원 간의 유대감 강화 및 조직 문화 활성화
- 스트레스 해소

위와 같이 사원 체육대회를 계획하고자 하오니 검토 후 승인해 주시기 바랍니다.

문서 종류, 결재자

작성일자, 부서, 작성자

제목

기안 목적

요청사항

기대 효과

결재요청

# 문서 이해하기

**1. 제목**

사원 체육대회 개최 기안서

**2. 기안목적**

사내 조직 문화 활성화 및 직원 간의 단합을 도모

소속감과 협동심을 고취하여 건강한 근무 환경을 조성

**3. 요청사항**

| 구분 | 내용 |
|---|---|
| 행사개요 | **행사명:** 주식회사 활기찬 홍삼정 사원 체육대회<br>**일시:** [YYYY-MM-DD] (예: 20XX년 5월 15일) 09:00 ~ 17:00<br>**장소:** [체육대회 개최 장소] (예: ○○ 체육공원, 실내 체육관 등)<br>**참석 대상:** 전 직원<br>**주최:** 인사관리팀<br>**주요 프로그램:** 단체 경기(축구, 농구, 피구), 개인 경기(달리기, 팔씨름 등), 레크리에이션<br>**기타 부대행사:** 경품 추첨, 단합 활동 등 |
| 승인요청 | 예산 승인 요청<br>각 부서별 참가 독려 협조 요청 |
| 소요예산 | **장소 대여비:** ○○원<br>**경기 진행 비용:** ○○원<br>**참가자 식음료 비용:** ○○원<br>**시상품 및 경품 비용:** ○○원<br>**기타 비용:** ○○원<br>**총계:** ○○원 |

**4. 기대 효과**

직원 간의 유대감 강화 및 조직 문화 활성화

업무 스트레스 해소 및 사기 진작

건강 증진을 통한 근무 효율성 향상

**5. 결재 요청**

위와 같이 사원 체육대회를 계획하고자 하오니 검토 후 승인해 주시기 바랍니다.

# 준비하기

## 1. 작성 방법

- 기안서를 통해 언제, 어디서, 누가, 무엇을, 어떻게, 왜 한다는 내용을 작성한다.
- 기안 내용이 명확히 드러나는 제목을 설정한다.
- 기안을 통해 얻고자 하는 목표와 효과를 서술한다.
- 실행 방안, 일정, 담당자, 예상 비용 등을 포함한 세부 계획을 작성한다.

## 2. 유의사항

- 모호한 표현이나 지나친 수식어, 과장된 표현을 피한다.
- 제안하는 내용의 타당성과 실현 가능성을 강조한다.
- 문장이 명확하고 구체적인 근거를 포함한다.

# 문서 구성하기

- 개요 작성하기

| | | |
|---|---|---|
| 1. 제목 | | |
| 2. 기안 목적 | | |
| 3. 요청사항 | 행사 개요 | |
| | 승인 요청 | |
| | 소요 예산 | |
| 4. 기대 효과 | | |
| 5. 결재 요청 | | |

- 문서 작성하기(→ 부록. 활동지)

# 프레젠테이션 해 보기

※ 앞에서 작성한 '기안서'를 발표하려고 합니다. 시각 자료를 만들어 아래의 내용으로 발표해 봅시다.

시작하기

1) 자기소개

2) 주제 소개

가운데

1) 주요 내용 소개

2) 설명

3) 요약 및 결론

4) 질의응답

마무리

# 05 보고서

## 의미

- 특정 주제나 이슈에 대한 정보와 결과를 전달하기 위해 작성된 문서로 상부의 지시 또는 조언을 받기 위해서 작성

**기본 보고서**
- 일일 보고서
- 주간 보고서
- 출장 보고서
- 회의 보고서

**상황 보고서**
- 사고 보고서
- 불량 보고서
- 고객만족 보고서
- 규정위반 보고서

**분석 보고서**
- 실적 보고서
- 현황 보고서
- 시장조사 보고서
- 효과 보고서

# 어휘

| 한국어 | 영어 | 중국어 | 베트남어 |
|---|---|---|---|
| ❏ 분기 | ❏ Quarter | ❏ 季度 | ❏ Quý (kinh doanh) |
| ❏ 달성 | ❏ Achievement | ❏ 达成 | ❏ Thành tựu |
| ❏ 대비 | ❏ Contrast | ❏ 对比 | ❏ So sánh |
| ❏ 돌파 | ❏ Breakthrough | ❏ 突破 | ❏ Đột phá |
| ❏ 맞춤 | ❏ Customized | ❏ 定制 | ❏ Tùy chỉnh |
| ❏ 매출액 | ❏ Sales revenue | ❏ 销售额 | ❏ Doanh thu |
| ❏ 물류 | ❏ Logistics | ❏ 物流 | ❏ Hậu cần |
| ❏ 비중 | ❏ Importance | ❏ 比重 | ❏ Mức độ quan trọng |
| ❏ 성과 | ❏ Outcome | ❏ 成果 | ❏ Kết quả |
| ❏ 실적 | ❏ Results | ❏ 业绩 | ❏ Thành tích |
| ❏ 운송료 | ❏ Shipping fee | ❏ 运费 | ❏ Phí vận chuyển |
| ❏ 이슈 | ❏ Issue | ❏ 问题 | ❏ Vấn đề |
| ❏ 인력 | ❏ Manpower | ❏ 人力 | ❏ Nhân lực |
| ❏ 입점 | ❏ Entry | ❏ 入驻 | ❏ Sự gia nhập |
| ❏ 절감 | ❏ Reduction | ❏ 节省 | ❏ Cắt giảm |
| ❏ 협업 | ❏ Collaboration | ❏ 协作 | ❏ Hợp tác |
| ❏ 차별화 | ❏ Differentiation | ❏ 差异化 | ❏ Khác biệt hóa |
| ❏ 체결 | ❏ Sign (a contract) | ❏ 签订 | ❏ Ký kết |
| ❏ 충원 | ❏ Supplement | ❏ 补充 | ❏ Sự bổ sung |
| ❏ 확보 | ❏ Secure | ❏ 确保 | ❏ Đảm bảo |

# 어휘 확인학습

## 1. 알맞은 말을 골라 빈칸에 쓰십시오.

| 성과 | 분기 | 물류 | 매출액 | 체결 |
|---|---|---|---|---|

① 계약이나 협정 등을 공식적으로 맺는 것 (　　　)

② 어떤 일이나 활동을 통해 얻어진 긍정적인 결과 (　　　)

③ 기간을 나누어 일정한 시기에 따라 일을 나누는 것 (　　　)

④ 기업이나 가게가 제품이나 서비스를 팔아서 얻은 전체 금액 (　　　)

⑤ 상품을 생산지에서 소비지까지 이동시키는 과정과 그에 관련된 활동 (　　　)

## 2. 제시된 표현을 사용하여 문장을 완성하십시오.

| 차별화 | 돌파하다 | 개척 | 인력 | 실적 |
|---|---|---|---|---|

① 올해 A기업은 연간 수출액이 100억 원을 (　　　　　).

② 프로젝트를 성공적으로 수행하려면 전문 (　　　　　)이 필요하다.

③ 우리 회사는 해외 시장을 (　　　　　)하기 위해 현지 조사에 나섰다.

④ 올해 그는 뛰어난 영업 (　　　　　)으로 회사에서 인정받는 직원이 되었다.

⑤ 우리 회사는 디자인을 (　　　　　)하여 경쟁 회사의 제품을 앞섰다는 평가를 받았다.

## 3. 주어진 단어를 사용하여 문장을 완성하십시오.

① 해외의 다양한 기업과 ______________________________(협업하다)

② 고객 데이터를 안전하게 ______________________________(확보하다)

③ 이번 프로젝트는 기한 내에 ______________________________(달성하다)

# 문서 보기

## 해외 영업 실적 보고서

| 담당 | 과장 | 부장 | 이사 | 사장 |
|---|---|---|---|---|
| | | | | |

→ 문서 종류, 결재자

| 작성 일자 | 20XX년 01월 25일 | | |
|---|---|---|---|
| 부서명 | 해외영업팀 | 작성자 | 해외영업팀 김켈리 대리 |

→ 작성일자, 부서, 작성자

| 제목 | 20XX년 4분기 해외 영업 실적 보고서 |
|---|---|

→ 보고서 제목

| 목적 | 1) 20XX년 4분기(10~12월) 해외 영업 실적을 분석하여 주요 성과 및 문제점을 보고함<br>2) 다음 분기 목표 및 전략을 보고함 |
|---|---|

→ 목적 설정

**해외 영업 실적 분석**

**1) 매출 실적 요약**

| 항목 | 20XX년 3분기 | 20XX년 4분기 | 작년 4분기 대비 |
|---|---|---|---|
| 총 해외 매출액 | 8.5억 | 10.2억<br>(+20%) | +35% |
| 신규 거래처 수 | 12개 | 18개 | +80% |
| 주요 수출국 | 중국, 미국,<br>베트남 | 중국, 미국,<br>베트남, 태국 | |
| 온라인 판매 비중 | 40% | 45%<br>(+5%) | +10% |

▶ 주요 성과

① 분기 매출 10억 원 돌파, 작년 4분기 대비 35% 성장

② 해외 신규 시장(태국) 개척 성공, 신규 거래처 18개 확보

③ 온라인 판매 확대(전체 매출의 45%)

**2) 주요 시장별 실적 분석**

| | |
|---|---|
| ① 중국 시장 | 4분기 매출: 4.2억 / +25%<br>- 대형 유통업체 △△건강식품사와 계약 |
| ② 미국 시장 | 4분기 매출: 2.8억 / +15%<br>- 건강식품 전문몰에 입점 |
| ③ 베트남 및 동남아 시장 | 4분기 매출: 2.5억 / +40%<br>- 베트남 대형 마트 입점 |

▶ 분석 결과

성장 가능성이 높은 동남아 시장에 적극적인 마케팅 필요

→ 정보 수집

## 문서 보기

| 업무 추진 내용 | 1) **현재 상황**<br>① 신규 시장(태국) 진출 성공, 베트남 매출 지속 성장<br>② 주요 해외 업체(중국 △△사, 미국 △△사)와 장기 계약 체결<br>2) **문제점 및 해결 방안**<br>① 운송료 상승으로 물류 비용 증가<br>→ 현지 물류 창고 운영<br>② 경쟁사의 저가 브랜드 등장으로 가격 경쟁 심화<br>→ 프리미엄 홍삼의 차별화 홍보<br>③ 국가별 맞춤형 프로모션 부족<br>→ 국가별 맞춤 광고 전략 및 할인 행사 기획 | 현재 상황, 문제점 및 해결방안 |
|---|---|---|
| 향후 계획 및 목표 | 1) **20XX년 1분기 목표: 해외 매출 30억 원 달성**<br>2) **주요 전략**<br>① 신규 동남아 시장 개척<br>② 온라인 판매 강화<br>③ 현지 건강 전문가와 협업 및 홍보 | 향후 추진 내용, 제안 |
| 결론 및 요청사항 | 1) 물류비 절감 및 브랜드 차별화 전략이 필요함<br>2) 다음 분기 목표 달성을 위해 추가 예산과 인력 충원을 요청함 | 결론, 요청사항 |

# 문서 이해하기

**1. 목적 설정**

1) 20XX년 4분기 해외 영업 실적 분석, 성과 및 문제점 보고

2) 다음 분기 목표, 전략 보고

**2. 해외 영업 실적 분석**

1) 매출 실적 요약

| 항목 | 20XX년 3분기 | 20XX년 4분기 | 작년 4분기 대비 |
|---|---|---|---|
| 총 해외 매출액 | 8.5억 | 10.2억<br>(+20%) | +35% |
| 신규 거래처 수 | 12개 | 18개 | +80% |
| 주요 수출국 | 중국, 미국, 베트남 | 중국, 미국, 베트남, 태국 | |
| 온라인 판매 비중 | 40% | 45%<br>(+5%) | 10% |

▶ **주요 성과:** ① 10억 원(+35%)
② 해외(태국) 시장 성공(신규 거래처 18개)
③ 온라인 판매

2) 주요 시장별 실적 분석

| | |
|---|---|
| ① 중국 시장 | 4분기 매출: 4.2억 / +25%<br>- 대형 유통업체 △△건강식품사와 계약 |
| ② 미국 시장 | 4분기 매출: 2.8억 / +15%<br>- 건강식품 전문몰에 입점 |
| ③ 베트남 및 동남아 시장 | 4분기 매출: 2.5억 / +40%<br>- 베트남 대형 마트 입점 |

▶ **분석결과:** 동남아 시장에 적극적 마케팅 필요

**3. 업무 추진 내용**

1) 현재 상황

① 태국 시장 성공, 베트남 시장 성장
② 해외 업체와 계약

2) 문제점 및 해결방안

| 문제점 | 해결방안 |
|---|---|
| 물류 비용증가 | 현지 물류 창고 |
| 저가 브랜드와 가격 경쟁 | 차별화 홍보 |
| 맞춤 프로모션 부족 | 광고 전략, 할인 행사 |

# 문서 이해하기

| | | |
|---|---|---|
| 4. 향후 계획 및 목표 | 1) 20XX년 목표: 30억 원 | |
| | 2) 주요 전략 | ① 신규 시장 개척<br>② 온라인 판매<br>③ 현지 전문가와 협업, 홍보 |
| 5. 결론 및 요청사항 | 1) 물류비 절감, 차별화 전략 | |
| | 2) 추가 예산, 인력 충원 | |

# 준비하기

## 1. 작성 방법

- 결론(목적)을 먼저 쓰는 것이 좋다.
- 정보 수집과 현재 상황 분석은 사실을 바탕으로 작성한다.
- 현재 상황 분석을 바탕으로 주요 성과와 문제점 및 해결 방안을 작성한다.
- 향후 추진 내용에는 실현 가능한 목표와 전략을 작성한다.
- 자신의 의견(결론 및 요청 사항)은 마지막에 정리한다.

## 2. 유의사항

- 사실과 의견을 명확하게 구분하여 작성한다.
- 사실을 객관적으로 정확하게 명시한다.
- 간결하게 요약하고 이해하기 쉽게 작성한다.
- 작성 후에 잘못된 부분, 불필요한 부분이 없는지 꼼꼼하게 확인한다.

# 문서 구성하기

- 개요 작성하기

1. 제목

2. 해외 영업 실적 분석

2. 업무 추진 내용

3. 향후 계획 및 목표

4. 결론 및 요청 사항

- 문서 작성하기(→ 부록. 활동지)

# 프레젠테이션 해 보기

※ 앞에서 작성한 '보고서'를 발표하려고 합니다. 시각 자료를 만들어 아래의 내용으로 발표해 봅시다.

**시작하기**

1) 자기소개

2) 주제 소개

**가운데**

1) 주요 내용 소개

2) 설명

3) 요약 및 결론

4) 질의응답

**마무리**

# 06 기획서

**의미**

- 새로운 아이디어를 계획하여 목표와 방법 등을 구체적으로 작성한 문서

기획서

- 사내 기획서
  - 〈대상〉 조직 내 직원, 경영진, 부서
  - 〈종류〉 상품 개발 기획서, 교육 기획서, 행사 기획서
- 사외 기획서
  - 〈대상〉 외부 투자자, 파트너사, 고객
  - 〈종류〉 매장 개발 기획서, 투자 유치 기획서

# 어휘

| 한국어 | 영어 | 중국어 | 베트남어 |
|---|---|---|---|
| ❑ 가제 | ❑ Tentative title | ❑ 暂定名 | ❑ Tên tạm thời |
| ❑ 스틱 | ❑ Stick | ❑ 条状 | ❑ Dạng thanh |
| ❑ 국산 | ❑ Domestic | ❑ 国产 | ❑ Sản xuất trong nước |
| ❑ 근 | ❑ Root | ❑ 根 | ❑ Rễ |
| ❑ 면역력 | ❑ Immunity | ❑ 免疫力 | ❑ Sức đề kháng |
| ❑ 배경 | ❑ Background | ❑ 背景 | ❑ Bối cảnh |
| ❑ 비건 | ❑ Vegan | ❑ 素食主义 | ❑ Thuần chay |
| ❑ 상큼하다 | ❑ Refreshing | ❑ 清新 | ❑ Tươi mát |
| ❑ 섭취 | ❑ Intake | ❑ 摄取 | ❑ Tiêu thụ |
| ❑ 안정적 | ❑ Stable | ❑ 稳定 | ❑ Ổn định |
| ❑ 양봉 | ❑ Beekeeping | ❑ 养蜂 | ❑ Nuôi ong |
| ❑ 인지도 | ❑ Brand awareness | ❑ 知名度 | ❑ Độ nhận diện |
| ❑ 트렌드 | ❑ Trend | ❑ 趋势 | ❑ Xu hướng |
| ❑ 패턴 | ❑ Pattern | ❑ 模式 | ❑ Mô hình |
| ❑ 효능 | ❑ Efficacy | ❑ 功效 | ❑ Hiệu quả |
| ❑ 샘플 | ❑ Sample | ❑ 样品 | ❑ Mẫu thử |
| ❑ 휴대성 | ❑ Portability | ❑ 便携性 | ❑ Tính di động |

# 어휘 확인학습

### 1. 알맞은 말을 골라 빈칸에 쓰십시오.

| 근 | 인지도 | 비건 | 양봉 | 휴대성 |
|---|---|---|---|---|

① 꿀벌을 기르는 일 (　　　)

② 그 기간만큼 오래된 뿌리 (　　　)

③ 어떤 사람이나 물건을 알아보는 정도 (　　　)

④ 손에 들거나 몸이 지니고 다닐 수 있는 특성 (　　　)

⑤ 고기, 우유, 달걀 등과 같은 동물성 식품을 먹지 않는 식생활을 하는 사람 (　　　)

### 2. 제시된 표현을 사용하여 문장을 완성하십시오.

| 효능 | 면역력 | 국산 | 패턴 | 트렌드 |
|---|---|---|---|---|

① 이 약은 감기 치료에 뛰어난 (　　　　)이 있다.

② SNS를 통해 새로운 패션 (　　　　)가 확신되고 있다.

③ 소득의 향상으로 소비자들의 소비 (　　　　)이 변화하고 있다.

④ 최근 품질이 좋은 (　　　　) 브랜드에 대한 호감도가 높아지고 있다.

⑤ 건강한 식습관과 규칙적인 운동은 (　　　　)을 향상하는 데 도움이 된다.

### 3. 주어진 단어를 사용하여 문장을 완성하십시오.

① 레몬주스는 ______________________________(상큼하다)

② 소득이 줄어드는 불경기에는 ______________________________(안정적이다)

③ 하루에 필요한 영양소를 충분히 ______________________________(섭취하다)

# 문서 보기

## 상품 개발 기획서

| 담당 | 과장 | 부장 | 이사 | 사장 |
| --- | --- | --- | --- | --- |
| | | | | |

| 작성 일자 | 20XX년 03월 04일 | | |
| --- | --- | --- | --- |
| 부서명 | 해외영업부 | 작성자 | 김켈리 대리 |

| 목적 | 해외 시장 진출을 위한 맞춤 상품을 개발하고자 함 |
| --- | --- |

| 상품명 | 활기찬 홍삼정 꿀홍삼 스틱 선물세트 (가제) | | |
| --- | --- | --- | --- |
| 상품 구성 | 6년 근 홍삼에 꿀을 더한 꿀홍삼 스틱 30포 + 홍삼 비건 젤리 30개 | | |
| 상품 타겟 | 건강과 음식에 관심이 있는 해외(미국, 동남아, 유럽) 30~50대 소비자 | | |
| 협력사 | 한국 양봉협회 | 원산지 | 국산(경남 하동) |
| 판매가 | 70,000원 | | |

**기획 배경**

1) 우수한 해외 매출

| 월 | 판매량(개) | 매출(원) | 전월 대비(%) | 작년 대비(%) |
| --- | --- | --- | --- | --- |
| 20XX년 7월 | 10,000 | 800,000,000 | - | - |
| 20XX년 8월 | 10,800 | 864,000,000 | +8% | +10% |
| 20XX년 9월 | 11,664 | 933,120,000 | +8% | +12% |
| 20XX년 10월 | 12,600 | 1,008,774,000 | +8% | +15% |
| 20XX년 11월 | 13,600 | 1,089,464,000 | +8% | +18% |
| 20XX년 12월 | 14,500 | 1,176,697,000 | +8% | +20% |

① 매월 8%씩 증가하여 현재 11억 7천만 원(14,500개)의 매출을 기록
② 매월 매출과 판매량이 꾸준히 증가하는 안정적인 성장 패턴을 보임

2) 소비자 트렌드 변화

① 미국 시장
건강 트렌드가 강하고 천연 성분 제품 선호, 차와 함께 먹거나 직접 섭취 가능한 스틱형 제품 선호
② 동남아 시장
간편한 건강식품 선호, 덥고 습한 기후로 인해 상큼한 젤리 타입 인기
③ 유럽 시장
비건 트렌드 확산, 면역력 강화에 도움을 주는 홍삼 제품 수요 증가

**적용 및 기획**

1) 상품 특징

① 면역력 강화와 기침 치료에 효과적인 국산 꿀을 첨가
② 꿀의 달콤한 맛과 홍삼의 효능을 더한 젤리
③ 맛과 휴대성을 갖춘 꿀홍삼 스틱과 젤리 스틱

2) 판매 전략

① 온라인 마케팅
SNS 마케팅 활용, 온라인 쇼핑몰 할인 행사 진행
② 오프라인 프로모션
현지 대형 마트 및 건강식품 매장에 샘플 제공
③ 할인 정책
20% 할인, 1+1 행사

**기대 효과**

1) 각국 소비자 기호에 맞춘 제품으로 매출 확대
2) 브랜드 인지도 상승
3) 해외 매출 30억 원 목표 달성

문서 종류, 결재자
작성일자, 부서, 작성자
기획 목적
기본 정보
기획 배경
실행 방법
기대 효과

# 문서 이해하기

| 항목 | 구분 | 내용 |
| --- | --- | --- |
| 1. 목적 | | 해외 시장 진출을 위한 맞춤 상품을 개발하고자 함 |
| 2. 기본 정보 | 상품명 | 활기찬 홍삼정 꿀홍삼 스틱 선물세트 (가제) |
| | 상품 구성 | 6년 근 홍삼에 꿀을 더한 꿀홍삼 스틱 30포 + 홍삼 비건 젤리 30개 |
| | 상품 타겟 | 건강과 음식에 관심이 있는 해외(미국, 동남아, 유럽) 30~50대 소비자 |
| | 협력사 | 한국 양봉협회 |
| | 원산지 | 국산(경남 하동) |
| | 판매가 | 70,000원 |
| 3. 기획 배경 | 1) 우수한 해외 매출 | ① 매월 8%씩 증가하여 현재 11억 7천만 원(14,500개)의 매출을 기록<br>② 매월 매출과 판매량이 꾸준히 증가하는 안정적인 성장 패턴을 보임 |
| | 2) 소비자 트렌드 변화 | ① 미국: 건강, 천연 성분, 스틱형 제품 선호<br>② 동남아: 건강, 젤리 제품 선호<br>③ 유럽: 비건, 홍삼 제품 선호 |
| 4. 적용 및 기획 | 1) 상품 특징 | ① 6년근 홍삼 + 꿀 -> 스틱<br>② 달콤한 맛 + 홍삼의 효능 -> 젤리<br>③ 맛 + 휴대성 |
| | 2) 판매 전략 | ① 온라인 마케팅 진행<br>② 오프라인 프로모션<br>③ 할인 정책 |
| 5. 기대 효과 | | 1) 매출 확대 |
| | | 2) 인지도 상승 |
| | | 3) 매출 30억 달성 |

# 준비하기

## 1. 작성 방법

- 개요에는 목적, 대상을 작성하고 새로운 아이디어에 대한 내용을 간단하게 정리한다.
- 기획 내용에서는 관련 정보를 추가로 작성한다.
- 기획 배경은 기획서를 작성하게 된 이유의 정보를 수집하고 정리하여 제시한다.
- 숫자와 시각 자료(도형, 그래프, 이미지 등)를 활용한다.
- 기획에는 아이디어와 정보를 종합하여 구체적으로 특징이나 장점을 작성한다.
- 실행방법에는 상품 기획의 실현 가능한 전략과 기대 효과를 작성한다.

## 2. 유의사항

- 문제 해결 조건을 충족해야 한다.
- 상대방이 공감하고 흥미롭게 생각하는 내용이어야 한다.
- 사실과 의견을 구분하여 논리적으로 작성해야 한다.
- 이해하기 쉽도록 간결하게 작성해야 한다.
- 접속사, 부사, 형용사의 사용을 최소화한다.
- 명확하게 작성해야 한다.
- 전문용어를 사용할 경우 설명을 붙인다.
- 신뢰성의 문제가 생기지 않도록 잘못 쓴 글자가 없는지 여러 번 검토해야 한다.

# 문서 구성하기

- 개요 작성하기

| | | |
|---|---|---|
| 1. 개요 | | |
| 2. 기본 정보 | 상품명 | |
| | 상품 구성 | |
| | 상품 타겟 | |
| | 협력사 | |
| | 원산지 | |
| | 판매가 | |
| 3. 기획 배경 | | |
| 4. 적용 및 기획 | | |
| 5. 기대 효과 | | |

- 문서 작성하기(→ 부록. 활동지)

# 프레젠테이션 해 보기

※ 앞에서 작성한 '기획서'를 발표하려고 합니다. 시각 자료를 만들어 아래의 내용으로 발표해 봅시다.

**시작하기**

1) 자기소개

2) 주제 소개

**가운데**

1) 주요 내용 소개

2) 설명

3) 요약 및 결론

4) 질의응답

**마무리**

# 07 거래 관련 문서

**의미**

- 기업 간의 거래를 명확하게 하고, 법적 효력을 발휘하는 문서
- 거래의 신뢰성을 확보하기 위해 사용

구매자 — 거래 문서 — 판매자

- 계약서
- 거래 신청서
- 거래 약정서
- 거래 명세서
- 합의서

# 어휘

| 한국어 | 영어 | 중국어 | 베트남어 |
|---|---|---|---|
| ❑ 검수 | ❑ Inspection | ❑ 检验 | ❑ Kiểm tra |
| ❑ 기일 | ❑ Deadline | ❑ 期限 | ❑ Thời hạn |
| ❑ 납품 | ❑ Delivery | ❑ 交货 | ❑ Giao hàng |
| ❑ 농원 | ❑ Farm | ❑ 农场 | ❑ Trang trại |
| ❑ 천연 | ❑ Natural | ❑ 天然 | ❑ Tự nhiên |
| ❑ 벌집 | ❑ Beehive | ❑ 蜂巢 | ❑ Tổ ong |
| ❑ 라벨 | ❑ Label | ❑ 标签 | ❑ Nhãn |
| ❑ 부과 | ❑ Imposition | ❑ 附加 | ❑ Áp đặt |
| ❑ 부담하다 | ❑ Bear (responsibility) | ❑ 承担 | ❑ Gánh vác |
| ❑ 부착 | ❑ Attach | ❑ 贴附 | ❑ Gắn |
| ❑ 배송 | ❑ Delivery | ❑ 配送 | ❑ Giao hàng |
| ❑ 선급금 | ❑ Advance payment | ❑ 预付款 | ❑ Tiền ứng trước |
| ❑ 인수 | ❑ Acceptance | ❑ 接收 | ❑ Tiếp nhận |
| ❑ 지급 | ❑ Payment | ❑ 支付 | ❑ Thanh toán |
| ❑ 반품 | ❑ Return (of goods) | ❑ 退货 | ❑ Trả hàng |
| ❑ 지연 | ❑ Delay | ❑ 延迟 | ❑ Trì hoãn |
| ❑ 잔액 | ❑ Balance | ❑ 余额 | ❑ Số dư |
| ❑ 증빙서류 | ❑ Supporting document | ❑ 凭证 | ❑ Tài liệu chứng minh |
| ❑ 하자 | ❑ Defect | ❑ 瑕疵 | ❑ Lỗi |

# 어휘 확인하기

**1. 알맞은 말을 골라 빈칸에 쓰십시오.**

| 농원 | 기일 | 선급금 | 하자 | 증빙서류 |
|---|---|---|---|---|

① 곡식이나 채소를 재배하는 곳 (　　　)

② 어떤 일을 하기로 계약한 날짜 (　　　)

③ 어떤 일에 대해 미리 지급하는 돈 (　　　)

④ 물건의 부족한 부분이나 잘못된 부분 (　　　)

⑤ 어떤 사실이나 내용을 증명하기 위해 제출하는 서류 (　　　)

**2. 제시된 표현을 사용하여 문장을 완성하십시오.**

| 납품 | 검수 | 인수 | 배송 | 지급 |
|---|---|---|---|---|

① 우리 농원에서는 김치 공장에 배추를 (　　　).

② 정확한 주소를 입력하는 것이 원활하고 신속한 (　　　)에 중요하다.

③ 우리 회사에서는 영업 실적이 우수한 직원에게 보너스를 (　　　).

④ 거래처에 주문한 제품이 도착하자마자 모든 직원들이 (　　　)에 들어 갔다.

⑤ 제품 (　　　) 후 문제가 발생하면 계약에 따라 거래처에 책임을 물을 수 있다.

**3. 주어진 단어를 사용하여 문장을 완성하십시오.**

① 위험한 물건에는 ____________________ (부착하다)

② 고객에게 배송비를 ____________________ (부담하다)

③ 주차 위반을 신고하면 ____________________ (부과하다)

# 문서 보기

## 제 품 주 문 서

| 주문일자 | 20XX년 09월 17일 | 주문번호 | TC-20XX-001 |
|---|---|---|---|
| 대표자 | 주식회사 활기찬 홍삼정<br>대표 홍삼정 | 수신처 | 한국 벌꿀농원 |
| 주소 | 부산광역시 OO구 OO로 OO | 주소 | 경남 OO군 OO면 OO리 OO |
| 담당자 | 김켈리 대리 | 담당자 | 박양봉 대리 |
| 전화번호 | 051-1234-5678 | 전화번호 | 055-5678-1234 |

(주문일자, 사업자 정보, 거래처 정보)

아래와 같이 주문하오니 기일 내에 납품하여 주시기 바랍니다.

(목적 설정)

| No. | 제품명 | 규격 | 수량 | 단가(원) | 총액(원) |
|---|---|---|---|---|---|
| 1 | 지리산 벌꿀 | 2Kg | 10,000 | 60,000 | 600,000,000 |
| 2 | 천연 벌집 꿀 | 3Kg | 5,000 | 129,000 | 600,450,000 |
| | | | | | |
| | | | | | |
| | | | | | |
| 합 계 | | 1,245,000,000 원 | | | |

(거래 제품)

| 납품일자 | 20XX년 11월 30일까지 납품 |
|---|---|
| 납품 장소 | 부산광역시 OO구 OO로 OO |
| 납품조건 | - 운송료: 판매자인 한국 벌꿀농원이 부담<br>- 배송 방법: 직접 배송<br>- 검수 및 인수: 납품 후 7일 이내 제품 검수 후 이상이 없을 경우 인수<br>- 납품 지연: 납품 지연 시 1일 지연에 대해 1%의 벌금 부과 |
| 결제방법 | 선급금 30%, 잔액 70%는 납품 후 30일 이내 지급 |

(거래 형태)

| 요청사항 | - 제품에 하자가 있을 경우 7일 이내에 교환 및 반품 가능<br>- 제품에 대한 품질 검사 증빙서류 첨부 요청<br>- 모든 제품에 제품명, 유통기한, 제조일자 라벨을 부착할 것 |
|---|---|

(요청사항)

주문자 : 김켈리 (인)

(기타(주문자, 서명))

# 문서 이해하기

**1. 사업자와 거래처 정보**

주문 일자: 20XX년 09월 17일
주문번호: TC-2025-001

대표자: 주식회사 활기찬 홍삼정 대표 홍삼정
회사주소: 부산광역시 ○○구 ○○로 ○○
담당자: 김켈리 대리
전화번호: 051-1234-5678

거래처 정보: 한국 벌꿀농원
거래처 주소: 경남 ○○군 ○○면 ○○리 ○○
담당자: 박양봉 대리
전화번호: 055-5678-1234

**2. 목적**

협력업체에 물품 주문

**3. 거래 제품**

제품1: 지리산 벌꿀, 2Kg, 10,000개*60,000원
= 600,000,000원
제품2: 천연 벌집 꿀, 3Kg, 5,000개*129,000원
= 600,450,000원
합계: 1,245,000,000 원

**4. 거래 형태**

일자: 20XX년 11월 30일
장소: 부산광역시 ○○구 ○○로 ○○
조건 - 운송료: 한국 벌꿀농원이 부담
- 배송방법: 직접 배송
- 검수: 납품 후 7일 이내
- 인수: 검수 후 이상이 없을 시
- 납품 지연: 1일 지연 1% 벌금

결제 - 선급금 30%
- 잔액 70%(납품 후 30일 이내 지급)

**5. 요청사항**

하자가 있을 때 7일 이내 교환, 반품
품질 검사 증빙서류 첨부
제품명, 유통기한, 제조일자, 라벨

# 준비하기

## 1. 작성 방법

- 거래에 참여하는 판매자와 구매자의 정보를 기재한다.
- 계약 일자와 납입 일자를 정확하게 기술한다.
- 거제 제품은 제품명, 규격, 수량, 거래액을 작성한다.
- 거래 형태에는 납품 일자와 납품 장소, 납품 조건, 결제 방식, 배송방법, 품질보증 등 거래 이행 조건을 설정한다.
- 요청사항에는 반품 조건, 포장상태, 첨부 서류 등을 제시한다.

## 2. 유의사항

- 명확하고 구체적인 언어를 사용한다.
- 적당한 시점, 가능한 한 빨리 등의 표현은 사용하지 않는다.
- 모든 조건을 문서에 명확히 기록한다.
- 분쟁 해결방법 및 절차를 규정해 둔다.

### 하나 더!

▶ 거래 관련 문서의 종류

| | | |
|---|---|---|
| ① | 계약서 | - 청약하고 승낙하여 관계를 맺은 것을 문서상으로 작성하고 증명하는 문서<br>- 사법상 일정한 법률 효과를 발생시킬 목적으로 작성<br>- 계약 당사자 쌍방이 모두 표시, 거래 물품, 거래 금액, 지불 방법, 지불 시기, 예외 조항을 작성<br>- 임대차 계약서, 월세 계약서, 매매 계약서, 근로 계약서 |
| ② | 거래 신청서 | - 신규 거래처와 거래를 신청하기 위해서 작성<br>- 정해진 양식이 없음. 거래 의사를 육하원칙에 따라 작성 |
| ③ | 거래 약정서 | - 거래자들이 상품이나 물품을 계속 판매하거나 거래하기 위해 약정하며 작성한 문서<br>- 계약서보다 법적 구속력이 약함 |
| ④ | 거래 명세서 | - 거래 내역과 거래 사실을 기록한 문서<br>- 거래 사실을 확인하는 주요 자료 |
| ⑤ | 협약서 | - 계약 당사자들이 계약의 내용을 자율적으로 협의하고 지킬 것을 기재한 문서 |
| | | 양해 각서(MOU, Memorandum of Understanding)<br>- 정식 계약 체결 전 당사자 간의 계약에 대한 내용을 주고받는 문서<br>- 법적 구속력이 없음 |
| | | 합의 각서(MOA, Memorandum of Agreement)<br>- 양해 각서 체결 후 세부 조항, 이행 사항을 명시화한 문서<br>- 법적 구속력을 지님 |

## 문서 구성하기

- 개요 작성하기

| | |
|---|---|
| 1. 사업자와 거래처 정보 | |
| 2. 목적 | |
| 3. 거래 제품 | |
| 4. 거래 형태 | |
| 5. 요청 사항 | |

- 문서 작성하기(→ 부록. 활동지)

# 프레젠테이션 해 보기

※ 앞에서 작성한 '거래 관련 문서'를 발표하려고 합니다. 시각 자료를 만들어 아래의 내용으로 발표해 봅시다.

| | |
|---|---|
| 시작하기 | 1) 자기소개 |
| | 2) 주제 소개 |
| 가운데 | 1) 주요 내용 소개 |
| | 2) 설명 |
| | 3) 요약 및 결론 |
| | 4) 질의응답 |
| 마무리 | |

# 08 홍보문

**의미**

- 회사가 대내외적 선호도와 인지도를 상승시키거나 투자 가치를 높이기 위해 쓰는 글
- 사업 내용이나 목적, 제품의 특성이나 우수성을 널리 알려 사람들의 긍정적 반응과 지지를 얻는 데 활용됨

# 어휘

| 한국어 | 영어 | 중국어 | 베트남어 |
|---|---|---|---|
| ❑ 브랜드 | ❑ Brand | ❑ 品牌 | ❑ Thương hiệu |
| ❑ 협력 | ❑ Cooperation | ❑ 协力 | ❑ Hợp tác |
| ❑ 공동 | ❑ Shared | ❑ 共同 | ❑ Chung |
| ❑ 실현 | ❑ Realization | ❑ 实现 | ❑ Hiện thực hóa |
| ❑ 상생 | ❑ Coexistence | ❑ 共生 | ❑ Chung sống hòa hợp |
| ❑ 원료 | ❑ Ingredient | ❑ 原料 | ❑ Nguyên liệu |
| ❑ 가치 | ❑ Value | ❑ 价值 | ❑ Giá trị |
| ❑ 친화적 | ❑ Affinity | ❑ 亲和 | ❑ Sự thân thiện |
| ❑ 지속 | ❑ Sustainability | ❑ 可持续 | ❑ Bền vững |
| ❑ 여부 | ❑ Whether or not | ❑ 与否 | ❑ Việc có hay không |
| ❑ 배포 | ❑ Distribution | ❑ 分发 | ❑ Phân phối |
| ❑ 경로 | ❑ Route | ❑ 路径 | ❑ Lộ trình |
| ❑ 창출 | ❑ Creation | ❑ 创造 | ❑ Tạo ra |
| ❑ 확산 | ❑ Spread | ❑ 扩散 | ❑ Lan rộng |

# 어휘 확인학습

**1. 알맞은 말을 골라 빈칸에 쓰십시오.**

| 브랜드 | 가치 | 친화적 | 상생 | 실현 |
|---|---|---|---|---|

① 목표했던 것이 현실에서 이루어지는 것 (　　　　)

② 사물이나 행동이 가지고 있는 중요한 특징이나 뜻 (　　　　)

③ 경제, 사회적 활동에서 서로 협력하고 함께 성장하는 것 (　　　　)

④ 다른 사람이나 환경과 잘 어울리고 관계를 원만하게 유지하는 성질 (　　　　)

⑤ 기업이나 제품이 경쟁업체와 차별화하기 위해 사용하는 고유한 이름 (　　　　)

**2. 제시된 표현을 사용하여 문장을 완성하십시오.**

| 여부 | 경로 | 배포 | 확산 | 창출 |
|---|---|---|---|---|

① 환불 가능 (　　　　)는 상품의 상태에 따라 결정됩니다.

② 기업은 다양한 (　　　　)로 고객에게 브랜드를 광고해야 합니다.

③ 지역 경제 활성화를 위해 다양한 일자리 (　　　　) 방안이 논의되고 있다.

④ 이 문서는 내부 직원들에게만 (　　　　)되므로 외부에 유출되지 않게 주의하십시오.

⑤ 오늘날에는 SNS로 잘못된 정보가 순식간에 (　　　　)될 수 있어 특별히 주의가 필요합니다.

**3. 주어진 단어를 사용하여 문장을 완성하십시오.**

① 브랜드의 경쟁력을 유지하기 위해 ____________________ (지속)

② 새로운 사업을 성공시키기 위해 여러 기업이 ____________________ (공동)

③ 우리 회사는 친환경 제품을 만들기 위해 천연 ____________________ (원료)

## 문서 보기

| 헤드라인 | **지역과 함께 성장하는 브랜드, 주식회사 활기찬 홍삼정** |
| --- | --- |
| 리드 | 지역 농가와의 긴밀한 협력을 통해 프리미엄 홍삼 제품을 생산하는 (주)활기찬 홍삼정은 품질 향상과 기술 지원, 공동 마케팅을 실천하며, 신뢰할 수 있는 제품으로 국내외 시장 확대와 지역 경제 활성화 실현에 기여하고 있습니다. |
| 본문 | **지역 농가와 상생하는 경영**<br>활기찬 홍삼정은 지역 농가에서 단순히 원료만 구매하는 데 그치지 않고, 장기적인 동반자 관계를 중요한 가치로 삼고 있습니다. 이를 위해 품질 교육, 기술 지원, 공동 마케팅 등을 실시하며, 지역 농가와 함께 성장하는 지역 친화적 기업으로 자리매김하고 있습니다.<br>또한, 제품의 원료 공급 경로를 투명하게 관리하고, 지속적인 협력을 통해 품질의 신뢰 여부를 철저히 검증하며 소비자 신뢰 확보에 힘쓰고 있습니다.<br><br>**최상의 품질을 자랑하는 프리미엄 제품**<br>지역 농가로부터 공급받은 프리미엄급 꿀을 원료로 '꿀홍삼 스틱'을 제조하고 있으며, 이는 활기찬 홍삼정이 자랑하는 대표 제품 중 하나입니다. 철저한 품질 관리와 원료의 우수성을 바탕으로 소비자에게 신뢰할 수 있는 제품을 제공하고 있으며, 국내는 물론 해외 채널까지 유통 및 배포 경로를 확장해 나가고 있습니다.<br><br>**지역 경제에 도움을 주는 기업**<br>(주)활기찬 홍삼정은 지역 농산물을 사용함으로써 농가 소득 증대와 일자리 창출에 기여하며 지역 경제에 도움을 주고 있습니다. 특히, 제품의 성공적인 시장 확산을 통해 지역 경제 활성화에 앞장서고 있으며, 더 많은 소비자들에게 건강한 식품을 제공하고자 끊임없이 노력하고 있습니다.<br><br>앞으로도 (주)활기찬 홍삼정은 지역과 함께 성장하는 기업이 되기 위해 계속 노력해 나가겠습니다. |
| 회사 정보 | (주) 활기찬 홍삼정<br>홈페이지: www.hwalgi-ginseng.com 담당 부서: 홍보팀(051-1234-4567) |

## 문서 이해하기

| | |
|---|---|
| 1. 헤드라인 | **지역과 함께 성장하는 주식회사 활기찬 홍삼정** |
| 2. 리드 | 지역 경제와 상생하는 기업<br>지역 농가와 협력하여 '꿀홍삼 스틱' 생산<br>품질 유지와 지속 가능한 성장 지원<br>안정적인 소득 창출 기여 |
| 3. 본문 | 함께 성장하는 경영<br>- 지역 농가와 장기적인 협력 유지<br>- 품질 교육, 기술 지원, 공동 마케팅 제공<br><br>최상의 품질을 자랑하는 프리미엄 제품<br>- 지역 농가의 프리미엄 꿀을 원료로 사용<br>- 고품질 '꿀홍삼 스틱' 제조<br><br>지역 경제에 도움을 줌<br>- 농가 소득 및 일자리 창출<br>- 지역 경제 활성화 지원 |
| 4. 기관 정보 | (주) 활기찬 홍삼정 홈페이지: www.hwalgi-ginseng.co.kr<br>담당 부서: 홍보팀(051-1234-4567) |

# 준비하기

## 1. 작성 방법

- 헤드라인은 기업의 핵심 이미지를 짧고 인상 깊은 문장으로 표현한다.
- 리드는 홍보할 내용을 간결하게 요약해 독자의 관심을 끌 수 있게 한다.
- 본문은 구체적인 사례를 통해 기업의 이미지와 활동을 신뢰감 있게 설명한다.
- 기관 정보는 기업명, 연락처, 홈페이지 등 독자가 기업을 신뢰하고 접근할 수 있도록 정보를 제공한다.

## 2. 유의사항

- 기관이나 기업의 긍정적 측면을 부각시키되 사실에 근거한 내용만 작성한다.
- 독자의 관심사와 가치에 맞추어 지지 반응을 불러일으킬 수 있게 쓴다.
- 핵심 메시지를 간결하고 명확하게 쓴다.
- 부정적 표현이나 자기자랑식 문장은 피하고, 긍정적이고 진정성 있는 내용을 중심으로 구성한다.

# 문서 구성하기

- 개요 작성하기

| | |
|---|---|
| 1. 헤드라인 | |
| 2. 리드 | |
| 3. 본문 | |
| 4. 기관 정보 | |

- 문서 작성하기(→ 부록. 활동지)

## 프레젠테이션 해 보기

※ 앞에서 작성한 '홍보문'을 발표하려고 합니다. 시각 자료를 만들어 아래의 내용으로 발표해 봅시다.

**시작하기**

1) 자기소개

2) 주제 소개

**가운데**

1) 주요 내용 소개

2) 설명

3) 요약 및 결론

4) 질의응답

**마무리**

# 09 광고문

**의미**

- 홍보문의 한 종류로 회사의 상품이나 서비스의 매력을 알리고자 쓴 글
- 소비자의 관심을 일으키고 구매하게 만들어 회사의 수익을 증가시키는 것이 목적임

| 광고문 | | 홍보문 |
|---|---|---|
| 제품 • 서비스 판매<br>→ 이윤 창출 | 목적 | 기업 이미지 제고<br>→ 인지도 • 신뢰도 상승 |
| 소비자 | 대상 | 투자자와 고객 및 사회 |
| 구매욕구 자극, 즉각적인 행동 유도 | 주요 특징 | 이미지 형성, 장기적인 신뢰 구축 |

# 어휘

| 한국어 | 영어 | 중국어 | 베트남어 |
|---|---|---|---|
| ❑ 표제 | ❑ Title | ❑ 标题 | ❑ Tiêu đề |
| ❑ 친지 | ❑ Relative | ❑ 亲戚 | ❑ Họ hàng |
| ❑ 정성껏 | ❑ With sincerity | ❑ 用心 | ❑ Hết lòng |
| ❑ 담다 | ❑ Contain | ❑ 装入 | ❑ Chứa |
| ❑ 농가 | ❑ Farming household | ❑ 农户 | ❑ Hộ nông dân |
| ❑ 품질 | ❑ Quality | ❑ 品质 | ❑ Chất lượng |
| ❑ 쓰다 | ❑ Use | ❑ 使用 | ❑ Sử dụng |
| ❑ 달콤하다 | ❑ Sweet | ❑ 香甜 | ❑ Ngọt |
| ❑ 남녀노소 | ❑ Everyone | ❑ 男女老少 | ❑ Mọi lứa tuổi |
| ❑ 부담없이 | ❑ Without burden | ❑ 毫无负担 | ❑ Không lo lắng |
| ❑ 즐기다 | ❑ Enjoy | ❑ 享用 | ❑ Thưởng thức |
| ❑ 챙기다 | ❑ Take care of | ❑ 照顾 | ❑ Chăm sóc |
| ❑ 기관 | ❑ Institution | ❑ 机构 | ❑ Cơ quan |

# 어휘 확인학습

**1. 알맞은 말을 골라 빈칸에 쓰십시오.**

| 표제 | 친지 | 정성껏 | 담다 | 농가 |
|---|---|---|---|---|

① 내용을 포함하거나 넣는 것 (          )

② 어떤 일을 할 때 마음을 다하여 성의를 다하는 태도 (          )

③ 오랫동안 알고 지내온 가족이나 가까운 사람을 가리키는 것 (          )

④ 농사를 짓는 사람들의 공동체나 농업 관련 경제 활동을 하는 집단 (          )

⑤ 신문이나 잡지에서 기사 제목이나 중요한 내용을 강조하여 나타내는 부분 (          )

**2. 제시된 표현을 사용하여 문장을 완성하십시오.**

| 품질 | 쓰다 | 달콤하다 | 남녀노소 | 기관 |
|---|---|---|---|---|

① 커피가 너무 (          )서 설탕을 조금 넣었다.

② 이 제품은 신뢰할 수 있는 (          )을 보장합니다.

③ 어머니는 아이들에게 (          ) 과일을 준비해 주었다.

④ 이 카페는 (          )가 즐길 수 있는 다양한 음료를 제공합니다.

⑤ 우리 회사는 공공 (          )과 협력하여 사회공헌 활동을 진행중이다.

**3. 주어진 단어를 사용하여 문장을 완성하십시오.**

① 요즘 도시락이 잘 나와서 식사를 ______________________(챙기다)

② 가벼운 재료를 사용하여 만든 음식이니 ______________________(부담없이)

# 문서 보기

| 표제 | 활기찬 홍삼정의 꿀홍삼 스틱으로 사랑하는 가족과 친지에게 건강을 선물하세요. |
|---|---|
| 본문 | • 유기농 홍삼과 천연 꿀을 정성껏 담아 만든 프리미엄 전통 건강식품<br>• 지역 농가와 협력하여 만들어 더욱 믿을 수 있는 품질<br>• 쓴맛 없이 달콤해 남녀노소 누구나 부담없이 즐길 수 있는 맛<br>• 언제 어디서나 건강을 챙길 수 있는 스틱형 제품 |
| 기관 정보 | 주식회사 활기찬 홍삼정 www.hwalgi-ginseng.com<br>상품 구매 문의 +82-51-1234-5678 |
| 이미지 |   |

# 문서 이해하기

**1. 표제**

사랑하는 가족에게 건강을 선물하세요.

**2. 본문**

- 품질이 우수한 홍삼과 천연 꿀로 만든 전통 건강식품임
- 지역 농가와 함께 만든 제품이라서 더 믿을 수 있음
- 달지 않고 부드러운 맛이라 누구나 부담 없이 먹을 수 있음
- 스틱형이라 가지고 다니기 좋고, 언제 어디서나 먹을 수 있음

**3. 기관 정보**

주식회사 활기찬 홍삼정
상품구매 문의
+82-51-1234-5678
홈페이지: www.hwalgi-ginseng.com

**4. 이미지**

그림 설명

홍삼+꿀 사용 전달
지역 농가와 협력하여 생산한 제품 강조
달콤한 맛 관련 이미지
간편한 스틱형 포장 방식 전달

# 준비하기

## 1. 작성 방법

- 목적, 시장 분석 결과를 바탕으로 결정한 컨셉에 맞는 문구를 작성한다.
- 표제에는 소비자의 관심과 흥미를 끌 수 있도록 핵심적인 내용을 간결하고 명확하게 드러내는 문장을 사용한다.
- 본문에는 상품에 대한 소비자의 이해를 도울 수 있는 정보를 제공한다.

## 2. 유의사항

- 소비자가 한눈에 이해할 수 있도록 쉬운 문장을 사용하고, 긴 문장은 피한다.
- 제품이나 서비스의 특징을 사실적으로 설명하고, 거짓이나 과장된 정보를 쓰지 않는다.
- 경쟁사 비방, 불공정한 비교를 하지 않는다.

# 문서 구성하기

- 개요 작성하기

1. 표제

2. 본문

3. 기관 정보

4. 이미지

- 문서 작성하기(→ 부록. 활동지)

# 프레젠테이션 해 보기

※ 앞에서 작성한 '광고문'을 발표하려고 합니다. 시각 자료를 만들어 아래의 내용으로 발표해 봅시다.

**시작하기**

1) 자기소개

2) 주제 소개

**가운데**

1) 주요 내용 소개

2) 설명

3) 요약 및 결론

4) 질의응답

**마무리**

# 10 기사문

**의미**

- 알릴 만한 가치가 있는 사건이나 사실을 빠르고 정확하게 전달하기 위해 작성
- 정보 전달을 위해 신문, 잡지, 기관지, 소식지 등에 수록되는 글이 모두 기사문에 해당함

기사문

- 사건(보도) 기사
- 해설 기사
- 탐방 기사
- 대담 기사
- 인터뷰 기사
- 논설 기사
- 기획 기사

# 어휘

| 한국어 | 영어 | 중국어 | 베트남어 |
|---|---|---|---|
| ❑ 조성하다 | ❑ Create (atmosphere) | ❑ 营造 | ❑ Tạo dựng |
| ❑ 성황리 | ❑ Successfully | ❑ 圆满 | ❑ Thành công tốt đẹp |
| ❑ 종목 | ❑ Event (sports/category) | ❑ 项目 | ❑ Môn thi đấu / Hạng mục |
| ❑ 이벤트 | ❑ Event (promotion/festival) | ❑ 活动 | ❑ Sự kiện |
| ❑ 노래자랑 | ❑ Singing contest | ❑ 歌咏比赛 | ❑ Cuộc thi hát |
| ❑ 대항 | ❑ Compete | ❑ 对抗 | ❑ Đối đầu |
| ❑ 열띠다 | ❑ Enthusiastic | ❑ 热烈 | ❑ Sôi nổi |
| ❑ 발휘하다 | ❑ Demonstrate (ability) | ❑ 发挥 | ❑ Thể hiện |
| ❑ 공유하다 | ❑ Share | ❑ 共享 | ❑ Chia sẻ |
| ❑ 친목 | ❑ Fellowship | ❑ 友情 | ❑ Tình bạn |
| ❑ 추첨 | ❑ Drawing lots | ❑ 抽签 | ❑ Bốc thăm |
| ❑ 소통 | ❑ Communication | ❑ 沟通 | ❑ Giao tiếp |
| ❑ 공동체 의식 | ❑ Sense of community | ❑ 集体意识 | ❑ Ý thức cộng đồng |
| ❑ 자긍심 | ❑ Pride | ❑ 自豪感 | ❑ Niềm tự hào |
| ❑ 뭉치다 | ❑ Unite | ❑ 团结 | ❑ Gắn kết / Đoàn kết |
| ❑ 활약 | ❑ Active role | ❑ 活跃 | ❑ Hoạt động tích cực |
| ❑ 뜻깊다 | ❑ Meaningful | ❑ 意义非凡 | ❑ Có ý nghĩa |

# 어휘 확인학습

**1. 알맞은 말을 골라 빈칸에 쓰십시오.**

| 공유하다 | 뭉치다 | 조성하다 | 공동체 의식 | 자긍심 |
|---|---|---|---|---|

① 정보나 물건을 함께 사용하거나 나누는 것 (　　　)

② 특정한 분위기나 환경을 만들어서 이루어지게 하는 것 (　　　)

③ 사람들이 공동체의 구성원으로서 느끼는 소속감과 책임감 (　　　)

④ 사람들이 한곳에 함께 모여 힘이나 마음을 하나로 합치는 것 (　　　)

⑤ 자신이 속한 집단이나 개인의 능력에 대해 자랑스럽게 생각하는 마음(　　　)

**2. 제시된 표현을 사용하여 문장을 완성하십시오.**

| 친목 | 성황리 | 뜻깊다 | 종목 | 이벤트 |
|---|---|---|---|---|

① 행사가 예상보다 훨씬 많은 관심을 받아 (　　　　　)에 마무리되었습니다.

② 우리 회사는 고객 감사 (　　　　　)로 특별 할인 행사를 진행하고 있습니다.

③ 이번 기부 활동은 어려운 이웃들에게 직접 도움을 줄 수 있어 매우 (　　　　　).

④ 우리 회사는 직원들의 (　　　　　) 도모를 위해 소규모 팀 모임을 운영하고 있습니다.

⑤ 올림픽에는 다양한 경기 (　　　　　)이 있으며, 선수들은 자신의 분야에서 서로 경쟁합니다.

**3. 주어진 단어를 사용하여 문장을 완성하십시오.**

① 동네 축제에서 누구나 참여할 수 있는 ____________________(노래자랑)

② 그는 중요한 순간에 자신의 능력을 최대한 ________________(발휘하다)

③ 이번 회의에서는 참가자들의 의견이 활발하게 오가며 __________(열띠다)

## 문서 보기

| 표제 | 함께 뛰고 웃은 하루, 진짜 팀이 되다! |
|---|---|
| 부제 | 20XX년 체육대회, 전 부서가 하나 되어 만든 특별한 추억 |
| 전문 | 주식회사 활기찬 홍삼정은 지난 5월 10일 △△체육공원에서 전 직원이 참여하여 협력과 공동체 의식을 조성하는 사내 체육대회를 성황리에 개최했다. |
| 본문 | 이날 체육대회는 OO체육공원에서 오전 9시부터 시작되었으며, 다양한 종목과 이벤트로 진행되었다. 축구, 농구, 노래자랑 등 모두가 함께 어울릴 수 있는 프로그램들이 이어졌으며, 특히 팀 대항 달리기에서는 각 부서가 열띤 응원을 주고받으며 팀워크를 발휘했다.<br>점심 시간에는 회사에서 준비한 도시락과 간식이 제공되어 직원들이 서로의 경험과 생각을 공유하며 친목을 다졌다. 또한, 경품 추첨도 이어져 더욱 활기찬 분위기가 조성되었다.<br>해외영업팀 홍길동 팀장은 "서로 얼굴 보며 소통할 기회가 많지 않았는데, 함께 뛰고 웃으니 진정한 공동체 의식을 느끼며 자긍심이 생겼다"고 소감을 전했다.<br>행사 마지막에는 우수 팀 시상과 함께 단체 기념사진 촬영이 진행되었다. |
| 해설 | 이번 체육대회는 단순한 행사를 넘어, 서로를 응원하고 하나로 뭉치는 소중한 시간이었다. 특히 직원 개개인의 열정적인 활약 덕분에 더욱 뜻깊은 자리로 기억될 것이다. 활기찬 홍삼정은 앞으로도 즐거운 기업 문화를 통해 직원들이 서로 소통하며 활기를 찾을 수 있도록 격려할 것이다. |

# 문서 이해하기

| | |
|---|---|
| 1. 표제 | 함께 뛰고 웃은 하루, 진짜 팀이 되다! |
| 2. 부제 | 2025년 체육대회, 전 부서가 하나 되어 만든 특별한 추억 |
| 3. 전문 | 주식회사 활기찬 홍삼정은 지난 5월 10일 △△체육공원에서 전 직원이 참여하여 협력과 공동체 의식을 조성하는 사내 체육대회를 성황리에 개최했다. |
| 4. 본문 | **언제:** 5월 10일 오전 9시<br>**어디서:** 00체육공원<br>**누가:** 활기찬 홍삼정 전 직원<br>**무엇을:** 체육대회 개최<br>**어떻게:** 축구, 농구, 노래자랑, 팀 대항 달리기 등 다양한 이벤트 진행<br>**왜:** 직원 간 협력, 공동체 의식 형성, 친목 도모<br>**행사 주요 내용:**<br>- 팀워크 발휘 (팀 대항 달리기)<br>- 도시락 및 간식 제공, 친목 형성<br>- 경품 추첨으로 활기찬 분위기 조성<br>- 우수 팀 시상 및 단체 기념사진 촬영 |
| 5. 해설 | • 서로를 응원하고 하나로 뭉치는 소중한 시간<br>• 앞으로도 즐거운 기업 문화를 통해 직원들이 소통하며 활기를 찾을 수 있도록 할 것 |

# 준비하기

## 1. 작성 방법

- 표제는 핵심 내용을 짧고 명확하게 표현한다.
- 부제는 제목을 보완하며 독자의 관심을 유도할 수 있게 쓴다.
- 전문은 기사 내용의 핵심을 요약하여 쓴다.
- 본문은 주제와 목적에 맞추어 구체적이고 체계적으로 작성한다.
- 해설은 추가 정보나 배경을 설명하고 앞으로의 전망 등을 덧붙인다.

## 2. 유의사항

- 확인되지 않은 정보나 추측은 삼가고, 정확한 사실만 기술한다.
- 독자의 입장을 고려하여 관심 가질 만한 내용과 필요한 정보를 중심으로 작성한다.
- 필요하면 표, 그래프, 사진 등을 활용하여 이해를 돕고 글의 흥미를 높인다.

# 문서 구성하기

- 개요 작성하기

| | |
|---|---|
| 1. 표제 | |
| 2. 부제 | |
| 3. 전문 | |
| 4. 본문 | |
| 5. 해설 | |

- 문서 작성하기(→ 부록. 활동지)

# 프레젠테이션 해 보기

※ 앞에서 작성한 '기사문'를 발표하려고 합니다. 시각 자료를 만들어 아래의 내용으로 발표해 봅시다.

**시작하기**

1) 자기소개

2) 주제 소개

**가운데**

1) 주요 내용 소개

2) 설명

3) 요약 및 결론

4) 질의응답

**마무리**

# 11 보도 자료

**의미**

- 회사가 작성하여 언론사를 대상으로 발표한 대외적 공식 문서
- 신문 기사체로 작성하며, 언론사에 전달하면 기자가 이를 인용하여 보도함

| 기사문 | | 보도자료 |
|---|---|---|
| 뉴스 전달<br>→ 독자 정보 제공 | 목적 | 언론 보도 유도<br>→ 정보 제공 |
| 대중 독자 | 대상 | 기자 및 언론사 |
| 신문, 뉴스 웹사이트, 방송 매체 | 배포 방식 | 언론사와 기자들에게 이메일 발송 |
| 언론사의 기자가 취재하여<br>작성하고 보도함 | 기타 | 기업의 보도자료를 언론사가 보고<br>가치가 있다고 판단하는 경우 기사로<br>작성하여 배포함 |

# 어휘

| 한국어 | 영어 | 중국어 | 베트남어 |
| --- | --- | --- | --- |
| ❑ 출시 | ❑ Launch / Release | ❑ 上市 | ❑ Ra mắt / Phát hành |
| ❑ 성장세 | ❑ Growth trend | ❑ 增长势头 | ❑ Đà tăng trưởng |
| ❑ 주목 | ❑ Attention | ❑ 关注 | ❑ Sự chú ý |
| ❑ 입증하다 | ❑ Prove | ❑ 证明 | ❑ Chứng minh |
| ❑ 판매 | ❑ Sale | ❑ 销售 | ❑ Bán hàng |
| ❑ 확대되다 | ❑ Be expanded | ❑ 扩大 | ❑ Được mở rộng |
| ❑ 재구매율 | ❑ Repurchase rate | ❑ 复购率 | ❑ Tỷ lệ mua lại |
| ❑ 해당 | ❑ Relevant | ❑ 相关 | ❑ Liên quan |
| ❑ 진입하다 | ❑ Enter (market) | ❑ 进入 | ❑ Thâm nhập |
| ❑ 상승하다 | ❑ Rise | ❑ 上升 | ❑ Tăng lên |
| ❑ 입지 | ❑ Market position | ❑ 地位 | ❑ Vị thế trên thị trường |
| ❑ 미디어 | ❑ Media | ❑ 媒体 | ❑ Truyền thông |
| ❑ 보도 | ❑ News report | ❑ 报道 | ❑ Đưa tin |

# 어휘 확인학습

**1. 알맞은 말을 골라 빈칸에 쓰십시오.**

| 판매 | 출시 | 주목 | 입증하다 | 성장세 |
|---|---|---|---|---|

① 기업이나 시장이 점점 더 커지는 상태 (　　　)

② 새로운 제품이나 서비스를 시장에 내놓는 것 (　　　)

③ 어떤 대상이 사람들의 관심을 끌고 있는 상태 (　　　)

④ 어떤 사실이나 능력을 실제로 보여서 확실히 증명하는 것 (　　　)

⑤ 제품이나 서비스를 고객에게 제공하고 그 대가로 돈을 받는 행위 (　　　)

**2. 제시된 표현을 사용하여 문장을 완성하십시오.**

| 재구매율 | 해당 | 입지 | 미디어 | 보도 |
|---|---|---|---|---|

① 신제품 출시 후 시장에서 회사의 (　　　　　)가 더욱 강화되었다.

② 이번 사건에 대한 자세한 내용 오늘 저녁 뉴스에서 (　　　　　)될 예정입니다.

③ 이 제품의 높은 (　　　　　) 덕분에 소비자들의 만족도가 높다는 것을 알 수 있다.

④ 기업은 최신 트렌드를 반영하기 위해 다양한 (　　　　　) 채널을 활용하여 홍보 전략을 세운다.

⑤ 고객님께서 주문하신 상품은 현재 품절 상태이며, (　　　　　) 부서에서 직접 연락을 드릴 예정입니다.

**3. 주어진 단어를 사용하여 문장을 완성하십시오.**

① 최근 몇 년간 우리 회사 ______________________________(상승하다)

② 신생 브랜드가 새로운 시장에 성공적으로 ________________(진입하다)

③ 기술이 발전하여 온라인 쇼핑 시장이 전 세계적으로 __________(확대되다)

# 문서 보기

## 보 도 자 료

| 보도 일시 | 20XX년 5월 24일 14:00<br>0000.00.00.(화) 조간 | 배포 일시 | 20XX년 5월 24일 09:00 |
|---|---|---|---|
| 담당 부서<br><총괄> | (주) 활기찬 홍삼정<br>홍보팀 | 책임자 | 팀장 홍길동(000-0000-0000) |
| | | 담당자 | 대리 김켈리(000-0000-0000) |

→ 보도 및 배포, 부서, 작성자

### 활기찬 홍삼정, 꿀홍삼 스틱 해외 시장 성공적 진출

→ 제목

주식회사 활기찬 홍삼정의 '꿀홍삼 스틱'이 출시 1년 만에 20개국에 수출되며 빠른 성장세를 보이고 있다.

→ 리드

**꿀홍삼 스틱, 세계 20개국 수출… 건강식품 시장에서 주목**

주식회사 활기찬 홍삼정의 '꿀 홍삼스틱'이 해외 시장에서 출시 1년 만에 100만 개 이상 판매되며 인기를 입증했다. 현재 미국, 베트남, 태국 등 20개국에 수출되고 있으며, 판매가 지속적으로 확대되고 있다.

**동남아 지역, 높은 재구매율과 빠른 판매 증가**

특히 베트남과 태국에서는 현지 건강식품 전문 쇼핑몰에서 인기 제품 10위 안에 진입했다. 해당 제품은 온라인 고객 리뷰와 재구매율이 빠르게 증가하고 있다. 이 지역 소비자들은 "맛이 좋고 간편하게 먹을 수 있다.", "믿을 수 있는 한국 제품이라서 좋다."는 평가를 남기고 있다.

**K-헬스 열풍과 함께 성장 중인 브랜드**

최근 전 세계적으로 한국의 건강식품(K-헬스)에 대한 관심이 높아지면서, 활기찬 홍삼정의 브랜드 인지도도 함께 상승하고 있다. 회사는 앞으로도 해외 고객 맞춤형 제품 개발과 마케팅 전략을 통해 글로벌 시장에서 입지를 넓혀갈 예정이다.

→ 본문

문의 및 추가 정보

☐ 미디어 문의: press@hwalgi-ginseng.com

☐ 공식 홈페이지: www.hwalgi-ginseng.com

(주)활기찬 홍삼정

→ 안내(붙임)

# 문서 이해하기

| | |
|---|---|
| 1. 제목 작성 | 활기찬 홍삼정, 꿀홍삼 스틱 해외 시장 성공적 진출 |
| 2. 리드 작성 | • 꿀홍삼 스틱, 출시 1년 만에 20개국에 수출<br>• 빠른 성장 중 |
| 3. 본문 작성 | • 수출 현황: 20개국 수출 1년 만에 100만 개 이상 판매 달성<br>• 동남아 지역, 높은 재구매율과 빠른 판매 증가<br>• K-헬스 열풍과 함께 성장 중 |
| 4. 안내(붙임) 작성 | • 미디어 문의처<br>• 공식 홈페이지 |

# 준비 하기

## 1. 작성 방법

- 제목은 핵심 내용을 명확하고 간결하게 표현한다.
- 리드는 기사의 핵심 요점을 요약하여 독자의 관심을 끈다.
- 본문은 자세한 내용과 배경, 주요 메시지를 체계적으로 기술한다.
- 안내(붙임)는 관련 참고 자료나 추가 정보(사진, 통계 등)를 첨부한다.

## 2. 유의사항

- 제목과 리드는 중요한 내용을 독자가 한눈에 알아볼 수 있도록 작성해야 한다.
- 확인된 정보만 사용하고 과장이나 추측을 피한다.
- 불필요한 설명을 줄이고, 쉬운 문장으로 쓴다.
- 문의할 담당자 연락처와 추가 참고자료를 꼭 포함한다.

# 문서 구성하기

- 개요 작성하기

| | |
|---|---|
| 1. 제목 작성 | |
| 2. 리드 작성 | |
| 3. 본문 작성 | |
| 4. 안내(붙임) 작성 | |

- 문서 작성하기(→ 부록. 활동지)

# 프레젠테이션 해 보기

※ 앞에서 작성한 '보도 자료'를 발표하려고 합니다. 시각 자료를 만들어 아래의 내용으로 발표해 봅시다.

**시작하기**

1) 자기소개

2) 주제 소개

**가운데**

1) 주요 내용 소개

2) 설명

3) 요약 및 결론

4) 질의응답

**마무리**

# 모범 답안

## 01 이력서

### 어휘 확인하기

1.
① 학력
② 복장
③ 영업
④ 보조
⑤ 부전공하다

2.
① 기본
② 주전공
③ 서약
④ 직무
⑤ 인적 사항

3.
① 취득하기로 결심했다.
② 서식을 사용해야 한다.
③ 발령청은 국립국제교육원이다.

## 02 자기소개서

### 어휘 확인하기

1.
① 성향
② 개척
③ 경향
④ 목표 지향적
⑤ 문화권

2.
① 실무 경험
② 사고방식
③ 협상
④ 파악
⑤ 심층적

3.
① 유연하게 대처한다.
② 대응해야 한다.
③ 기여했다.

## 03 품의서

### 어휘 확인하기

1.
① 사유
② 신뢰도
③ 예산
④ 경쟁력
⑤ 강화

2.
① 결제
② 현지
③ 비용
④ 품의
⑤ 상기

3.
① 신뢰도를 높이는 것이다.
② 계약을 승인하였다.
③ 환불을 요청하였다.

# 모범 답안

## 04 기안서

### 어휘 확인하기

1.
① 근무
② 개최
③ 개요
④ 단합
⑤ 기안

2.
① 협동심
② 의사 결정
③ 협조
④ 유대감
⑤ 활성화

3.
① 참여를 독려했다.
② 팀워크를 통해 소속감을 키운다.
③ 동기부여가 고취된다.

## 05 보고서

### 어휘 확인하기

1.
① 매출액
② 체결
③ 성과
④ 분기
⑤ 물류

2.
① 돌파하다
② 인력
③ 개척
④ 실적
⑤ 차별화

3.
① 협업하여 새로운 제품을 출시했다
② 확보하는 시스템이 필요하다
③ 목표를 달성하지 못했다

## 06 기획서

### 어휘 확인하기

1.
① 양봉
② 근
③ 인지도
④ 휴대성
⑤ 비건

2.
① 효능
② 트렌드
③ 패턴
④ 국산
⑤ 면역력

3.
① 상큼한 맛 덕분에 여름에 많이 팔린다
② 안정적인 직업이 인기를 끈다
③ 섭취하는 것이 건강에 좋다

# 모범 답안

## 07 거래 관련 문서

### 어휘 확인하기

1.
① 농원
② 기일
③ 선급금
④ 단하자
⑤ 증빙서류

2.
① 납품하고
② 배송
③ 지급한다
④ 검수
⑤ 인수

3.
① 주의사항을 안내하는 라벨을 부착해야 한다.
② 부담하는 조건으로 계약되었다.
③ 경찰이 벌금을 부과할 수 있다.

## 08 홍보문

### 어휘 확인하기

1.
① 실현
② 가치
③ 상생
④ 친화적
⑤ 브랜드

2.
① 여부
② 경로
③ 창출
④ 배포
⑤ 확산

3.
① 지속 가능한 전략을 마련해야 한다.
② 공동으로 투자하고 있다.
③ 원료만을 사용하고 있다.

## 09 광고문

### 어휘 확인하기

1.
① 담다
② 정성껏
③ 친지
④ 농가
⑤ 표제

2.
① 써
② 품질
③ 달콤한
④ 남녀노소
⑤ 기관

3.
① 챙기기 쉽다.
② 부담없이 즐길 수 있다.

# 모범 답안

## 10 기사문

### 어휘 확인하기

1.
① 공유하다
② 조성하다
③ 공동체 의식
④ 뭉치다
⑤ 자긍심

2.
① 성황리
② 이벤트
③ 뜻깊습니다
④ 친목
⑤ 종목

3.
① 노래자랑이 열렸습니다.
② 발휘하여 팀을 승리로 이끌었습니다.
③ 열띤 토론이 이어졌습니다.

## 11 보도 자료

### 어휘 확인하기

1.
① 성장세
② 출시
③ 주목
④ 입증하다
⑤ 판매

2.
① 입지
② 보도
③ 재구매율
④ 미디어
⑤ 해당

3.
① 매출액이 꾸준히 상승하였다.
② 진입하면서 빠르게 입지를 다지고 있다.
③ 크게 확대되었다.

# 어휘 색인

# 어휘 색인

# 어휘 색인

# 어휘 색인

외국인 유학생을 위한 실무 한국어 문서 작성

초판발행 2025년 9월 5일

지은이 안희은·손주희·김은정
펴낸이 안종만·안상준

편 집 조영은
기획/마케팅 박부하
표지디자인 이은지
제 작 고철민·김원표

펴낸곳 (주) 박영사
서울특별시 금천구 가산디지털2로 53, 210호(가산동, 한라시그마밸리)
등록 1959.3.11. 제300-1959-1호(倫)
전 화 02)733-6771
f a x 02)736-4818
e-mail pys@pybook.co.kr
homepage www.pybook.co.kr
ISBN 979-11-303-2375-6 93710



정 가 16,000원

# 부록

# 1과 이력서 활동지

## 이 력 서

1. 기본정보

| 사진 | 성 명 | | 성별 | |
|---|---|---|---|---|
| | 외국인등록번호 | | 나이 | |
| | 주 소 | | | |
| | 휴대폰 | | | |
| | e-mail | | | |

2. 학력사항

| 년/월/일 | 학 교 명 | 전공과목 및 학과 |
|---|---|---|
| | | |
| | | |

3. 자격증 및 능력

| 취득년월일 | 자 격 증 | 발령청 |
|---|---|---|
| | | |
| | | |
| | | |

4. 경력사항

| 회사명 | 직위 및 업무내용 | 기간 |
|---|---|---|
| | | |
| | | |

5. 기타 활동

| 활동명 | 활동 내용 | 활동기간 |
|---|---|---|
| | | |

위의 사실이 틀림없음을 서약합니다.

20 년 월 일

지원자 (서명)

# 2과 자기 소개서 활동지

## 자 기 소 개 서

| 성장 배경 |
| --- |
| |

| 관련 경험 및 역량 |
| --- |
| |

| 지원 동기 및 포부 |
| --- |
| |

| 성격의 장점과 단점 |
| --- |
| |

# 3과 품의서 활동지

## 품 의 서

| 담당 | 과장 | 부장 | 이사 | 사장 |
|---|---|---|---|---|
| | | | | |

| 작성 일자 | | | |
|---|---|---|---|
| 부서명 | | 작성자 | |
| 제목 | | | |
| 품의 목적<br>요청 사항 | | | |
| 요청 사유 | | | |
| 기대 효과 | | | |
| 결재 요청 | | | |

# 4과 기안서 활동지

## 기 안 서

| 담당 | 과장 | 부장 | 이사 | 사장 |
|---|---|---|---|---|
| | | | | |

| 작성 일자 | | | |
|---|---|---|---|
| 부서명 | | 작성자 | |
| 제목 | | | |
| 기안 목적 | | | |
| 요청사항 | | | |
| 기대 효과 | | | |
| 결재 요청 | | | |

# 5과 보고서 활동지

해 외 영 업 실 적 보 고 서

| 담당 | 과장 | 부장 | 이사 | 사장 |
|---|---|---|---|---|
| | | | | |

| 작성 일자 | | | |
|---|---|---|---|
| 부서명 | | 작성자 | |
| 제목 | | | |
| 목적 | | | |
| 해외 영업 실적 분석 | | | |
| 영업 성과 및 이슈 | | | |
| 향후 계획 및 목표 | | | |
| 결론 및 요청사항 | | | |

# 6과 기획서 활동지

| 담당 | 과장 | 부장 | 이사 | 사장 |
|---|---|---|---|---|
| | | | | |

## 상 품 개 발 기 획 서

| 작성 일자 | 20 년 월 일 | | |
|---|---|---|---|
| 부서명 | | 작성자 | |

| 상품명 | |
|---|---|
| 상품 개요 | |
| 상품 특징 | |
| 상품 타겟 | |

| ◆ 상품 개요 ◆ | | | |
|---|---|---|---|
| 상품명 | | | |
| 상품 구성 | | | |
| 협력사 | | 원산지 | |
| 판매가 | | 공급가 | |

| ◆ 상품 기획 배경 ◆ | |
|---|---|
| 해외 매출 우수 | |
| 소비자 트렌드 변화 | |

◆ 상품 개발 배경 ◆

| 선정 이유 | |
|---|---|

◆ 상품 특징 ◆

| 상품 특징 | |
|---|---|

◆ 판매 전략 ◆

| 판매 전략 | |
|---|---|
| 기대 효과 | |

# 7과 거래 관련 문서 활동지

## 제 품 주 문 서

| 주문일자 | 20 년 월 일 | 주문번호 | |
|---|---|---|---|
| 대표자 | | 수신처 | |
| 주소 | | 주소 | |
| 담당자 | | 담당자 | |
| 전화번호 | | 전화번호 | |

아래와 같이 주문하오니 기일 내에 납품하여 주시기 바랍니다.

| No. | 제품명 | 규격 | 수량 | 단가(원) | 총액(원) |
|---|---|---|---|---|---|
| | | | | | |
| | | | | | |
| | | | | | |
| | | | | | |
| | | | | | |
| 합 계 | | | | | |

| 납품일자 | 20 년 월 일까지 납품 |
|---|---|
| 납품 장소 | |
| 납품조건 | |
| 결제방법 | |

| 요청사항 | |
|---|---|

주문자 : (인)

# 8과 홍보문 활동지

| 헤드라인 | |
|---|---|
| 리드 | |
| 본문 | |
| 회사 정보 | |

# 9과 광고문 활동지

| | |
|---|---|
| 표제 | |
| 본문 | |
| 기관<br>정보 | |
| 이미지 | |

# 10과 기사문 활동지

| | |
|---|---|
| 표제 | |
| 부제 | |
| 전문 | |
| 본문 | |
| 해설 | |

# 11과 보도 자료 활동지

## 보 도 자 료

| 보도 일시 | 20 년 월 일 | 배포 일시 | |
|---|---|---|---|
| 담당 부서 <총괄> | | 책임자 | |
| | | 담당자 | |

| 제목 | |
|---|---|
| 리드 | |
| 본문 | |
| 안내 (붙임) | |